EMANUELE RISSONE

METODO IMPRENDITORE LIBERO

Come Creare La Tua Attività Di Successo E Avere Tempo Per Te

Titolo

"METODO IMPRENDITORE LIBERO"

Autore

Emanuele Rissone

Editore

Bruno Editore

Sito internet

http://www.brunoeditore.it

Sommario

Prefazione

Caro amico permettimi di guidarti all'interno di questo percorso di crescita che ho chiamato Metodo Imprenditore Libero e di far sì che la tua esperienza sia la più proficua possibile.

Quello che hai in mano è il primo di una serie di libri che costituiscono il progetto nel suo complesso. L'obiettivo prefissato fin dal titolo è di arricchire la tua via verso l'eccellenza nel mondo del lavoro, consentendoti altresì di ricavarne abbondante tempo libero per la tua vita privata. Il bilanciamento tra le due cose, successo nel lavoro da una parte e tempo per goderti la vita dall'altra, sono il "vero segreto" che desidero aiutarti a implementare nel tuo file che chiami esistenza.

Prima di iniziare desidero dirti che questo è un libro diverso da ciò che puoi trovare normalmente in commercio. È stato concepito e scritto affinché la lettura stimoli, in modi differenti e continui, processi mentali consci e inconsci ed è stato strutturato in tre parti concatenate che ti daranno la sensazione di passare da "libro in libro". E infatti è proprio come fossero tre libri in uno.

La prima parte è una storia raccontata con metodo romanzato che leggerai in un batter d'occhio, la seconda è una cospicua parte formativa che ti stimolerà profondamente e per finire con una terza parte pratica per acquisire "facendo" le nuove skills.

Quindi via, si parte! Vediamo insieme come sfruttare al meglio l'esperienza Metodo Imprenditore Libero nelle sue tre fasi di lettura.

Fase 1

Nella parte del racconto leggi senza soffermarti sul resto. Inizia a leggere e fatti trasportare dal racconto attraverso le vicissitudini e i successi di un ragazzino che aveva un grande sogno. Percepisci i passaggi e lascia che fluiscano senza pensarci troppo, ci torneremo sopra nella fase 2.

Ti accorgerai che la storia è carica di sfide e successi, difficoltà e cadute, pianti e gioie, e questi "momenti" spesso sono analizzati dettagliatamente e con precisione altre volte l'analisi è perseguita in modo meno evidente, ma il tutto è sempre strutturato per permetterti di leggere e assimilare con naturalezza i messaggi formativi che sono in essi contenuti. Leggi questa parte e non fermarti troppo a pensare, ci sono diversi insegnamenti che studieremo assieme quando arriverai agli approfondimenti.

Fase 2

Ora che hai terminato il racconto, torna indietro alla fine di ogni capitolo e soffermati sui segreti che ho indagato per te, li troverai indicati come "approfondimenti". Leggili attentamente e se necessario vai a riprendere i passi del libro che li contenevano, a volte può aiutarti rileggere l'ambiente nel quale era comparso quel segreto durante il racconto. Ti aiuta a metabolizzarlo.

Nel complesso se senti il desiderio di leggerli più volte prima di andare avanti, assecondalo. Ognuno è strutturato in modo differente e avrai reazioni diverse di fronte a essi, è interessante che tu lo avverta. Una cosa in comune l'hanno questi approfondimenti: letti dopo il racconto formano una sinergia potente, che non puoi eludere. Sono come un seme che germoglia e nulla potrà fermarlo, fino a che diverrà una pianta, la pianta del tuo successo.

Fase 3 Passa all'azione, dopo aver letto tutti gli approfondimenti, vai in fondo al libro nella sezione "ora tocca a te" per lavorare su te stesso. Dopo aver studiato le attitudini vincenti e i processi mentali che esse nutrono, dobbiamo applicarle in esempi reali.

Questo ti permette di ottenere un duplice vantaggio, da una parte ti aiuta ad assimilarle in modo permanente, dall'altra ti consente di creare mappe straordinarie di lavoro per il tuo business.

Rispondi alle domande e sentiti libero di far partire anche più progetti contemporaneamente. Nella fase di stesura iniziale può accadere che ti vengano in mente più idee da approfondire, scrivile tutte, successivamente vedremo quale di queste avrà le giuste caratteristiche per essere sviluppata e integrata nel tuo attuale business o in un business nuovo e contemporaneamente ti farà battere forte il cuore.

Individuato l'argomento che vorresti trasformare nel business della tua vita, iniziamo a compilare la mappa del progetto usando il sistema radiante.

Sono tre i livelli di creazione che dovrai sviluppare. Prenditi del tempo, cerca di eliminare distrazioni come televisione, persone e cellulare, parti a scrivere e vedrai che grazie al sistema radiante (se vuoi approfondire l'argomento leggi il volume *Mappe Mentali* di Tony Buzan) gli argomenti correlati ti usciranno naturali.

Iniziare è sempre la parte più ostica, a maggior ragione se l'esercizio che ti appresti ad affrontare è fuori dalla tua famosa area di comfort, ma è proprio lì che risiede la vera crescita. Dopo che sarai partito le idee ti verranno consecutive come in un flusso e la mappa inizierà a prendere forma sotto i tuoi occhi.

Con qualche ora di lavoro ben fatto, seguendo gli schemi che ti metto a disposizione, avrai la traccia del tuo progetto nelle mani e sarai finalmente pronto a tuffarti in quel tuo futuro dove successo e tempo libero ti stanno aspettando in egual misura!

Introduzione

Non molto tempo fa ho letto una classifica dei desideri più importanti o "più desiderati" nella vita dell'uomo. Ebbene, tre dei cinque desideri più importanti riguardano il tempo. Al primo posto c'è il desiderio di restare per sempre giovani, al terzo il desiderio di diventare immortali, al quarto di tornare indietro nel tempo. Cavolo quanto importante è questo tempo per ricoprire ben tre posizioni su cinque nel cuore delle persone!

Il tempo è gratis ma è senza prezzo.
Non puoi possederlo ma puoi usarlo.
Non puoi conservarlo ma puoi spenderlo.
Una volta che l'hai perso non puoi più averlo indietro.
(Harvey MacKay)

La cattiva notizia è che il tempo vola.
La buona notizia è che sei il pilota.
(Michael Althsuler)

Il tempo è più prezioso del denaro.

Puoi fare più denaro, ma non puoi avere più tempo.

(Jim Rohn)

Perdi i tuoi soldi e hai perso solo i tuoi soldi,

ma perdi tempo e hai perso una parte della tua vita.

(Michael Leboeuf)

La cosa più preziosa che puoi ricevere da chi ami è il suo tempo.

Non sono le parole, non sono i fiori, i regali. È il tempo.

Perché quello non torna indietro e quello che ha dato a te è solo

tuo, non importa se è stata un'ora o una vita.

(David Grossman)

Tra dieci minuti, sono quaranta minuti che mia moglie

"tra cinque minuti" è pronta!

(mamo3pallille, Twitter)

Ah ah ah, l'ultima devo dire che corrisponde alla realtà, certo restringe un po' il campo perché devi essere maschio e sposato o almeno convivere, ma chi di noi non si è mai trovato in quel

11

"tempo"?

Ma ora veniamo a noi, questa è solo l'introduzione e devo stringere perché il tempo scorre. Ho scritto questo libro perché nel profondo del mio cuore ho il desiderio di condividere i segreti che hanno fatto della mia vita imprenditoriale un percorso straordinario, un'esperienza che è valsa la pena di essere vissuta, una vita con sfide e successi, ma con un comun denominatore, tempo per me.

Essere libero di decidere se lavorare, divertirmi o riposare è sempre stato il drive che ha guidato le mie scelte. Ho imparato negli anni a rispettare il tempo come il bene più prezioso e il dono più importante che ho ricevuto in una calda giornata genovese il 1° giugno del 1970.

Comprendo come il tempo sia equanime, poiché è distribuito in egual misura a tutti noi, ma mi è altresì chiaro che dipende da noi cosa ne facciamo di tutte quelle ore che ci vengono messe a disposizione. Scrivo queste pagine perché tu che le stai leggendo possa trarne insegnamento e ispirazione e se ti aiuteranno nel percorso dell'eccellenza imprenditoriale che stai intraprendendo, beh, allora avrò raggiunto il mio scopo.

Buon viaggio quindi, ci rivedremo presto in fondo al libro!

Capitolo 1:

Quando c'è la passione

Torno di nuovo sulla strada

Ho fatto il mio tempo, ho avuto le mie occasioni.

Sono stato lontano. Ora sono tornato sui miei passi

Solo un uomo con la sua voglia di sopravvivere.

Troppe volte succede così velocemente

Che tu in cambio di gloria svendi la tua passione

Non dimenticare mai i tuoi sogni del passato

Devi combattere per tenerli vivi.

È l'occhio della tigre.

È il fremito del combattimento

Che cresce per la sfida con il nostro rivale

E l'ultimo sopravvissuto

Insegue la sua preda nella notte

E ci sta guardando tutti

Con l'occhio della tigre

Eye of the Tiger – Survivor

È la primavera del 1985. Sono un quindicenne. Nei cinema il film *Rocky III* fa il tutto esaurito e coinvolge persone di tutte le età. Esco dalla sala e dico ai miei amici che m'iscrivo in palestra.

Sono assolutamente determinato ad allenarmi per costruirmi il fisico di Stallone e non vivo come un problema il fatto che, nell'hinterland milanese dove abito, non ci sono palestre dedicate alla pesistica e all'allenamento dei muscoli e che, se anche ci fossero, non ho i soldi per iscrivermi.

Una sbarra di ferro per le trazioni mi viene in aiuto. La fisso allo stipite della porta della mia camera e mi ci "attacco" ogni volta che esco ed entro, a questa aggiungo da subito le flessioni a terra (quante ne ho fatte!), anche con una mano sola. Nel giro di pochi mesi il mio fisico s'irrobustisce. Mi sento sempre più vicino a Rocky.

Sono ormai un sedicenne e frequento una palestra di arti marziali vicino a casa ed è proprio qui che la prima magia si rende concreta. Un pomeriggio, sono sul tatami dove mi sto allenando e scopro, parlando col proprietario, che al piano interrato è stato allestito un piccolo spazio che ospita un semplice macchinario per allenare le gambe, una panca con una sbarra e tre paia di manubri. Attrezzi molto semplici ma per me sono il massimo.

Sono entusiasta e carico a mille. Mi vedo già con il corpo modellato sulla figura del mio mito! E poi ho finalmente uno spazio, dove poter liberare la mia passione. Non c'è istruttore ma anche questo non è un problema, m'informo e leggo, leggo tanto, all'epoca la rivista del settore che si trovava in edicola era *Cultura Fisica*, la compero e copiando gli allenamenti dei campioni creo il mio programma personale.

Ben presto non sono più solo a sollevare pesi, a sudare facendo flessioni a terra e alla sbarra. Tre amici cominciano a condividere la mia passione e quest'angolo d'interrato nella palestra di arti marziali vicino a casa, comincia a riempirsi delle note dei nostri momenti.

Tra sudore e fatica vediamo i nostri corpi cambiare e strutturarsi con una muscolatura "alla Rocky" e, credimi, sono momenti indimenticabili e lo saranno sempre per me. Sento cantare la musica della mia vita, perché devi sapere che questo ragazzino è proprio appassionato.

È una musica sublime quella che ascolto nel mio profondo e quella che sento con le orecchie. È talmente carica di motivazioni e sogni modellati sulle pellicole della serie Rocky! È anche una musica reale perché il "mangiacassette" che portiamo da casa suona all'infinito *Eye of the Tiger*, la colonna sonora di *Rocky III*. La cassetta finisce e noi la facciamo ripartire. E ancora, ancora, ancora.

Ormai questo sottoscala è il nostro mondo e finita la scuola, ci ritroviamo qui a costruirci il corpo, sudando accompagnati dal rock della colonna sonora che ha coinvolto tutti ed è entrata nei ricordi della mia generazione.

Quello che di sensazionale accade a questo ragazzino è il sentire nascere dentro una passione sconfinata per il mondo dello sport, del bodybuilding, della costruzione del corpo, il mondo che di lì a pochi anni si sarebbe definito fitness per poi diventare wellness.

Gli allenamenti continuano, i nostri corpi si definiscono, scolpiscono e un giorno ecco la seconda magia. Mentre mi sto allenando, adocchio dei contenitori, li ricordo ancora benissimo erano di metallo con un'etichetta blu e mi ricordavano vagamente dei barattoli di vernice. Erano le primissime proteine del latte e dell'uovo.

L'interesse per quello che sto facendo e il piacere che vivo nel documentarmi, leggere e informarmi mi fornisce le conoscenze per valutare l'importanza che quei prodotti hanno nel contribuire con l'alimentazione a dare tonicità al corpo.

Non devo fare molto perché anche i miei amici decidano di volerli utilizzare e facciamo una colletta per acquistare le nostre prime proteine dell'uovo, consigliate come le migliori dal proprietario della palestra. Non siamo però preparati al disgusto totale che quella bevanda ci avrebbe procurato. È davvero come bere la peggiore delle medicine, il nostro stomaco fatica a non rigettarla, ma bevo la pozione schifosissima.

Del resto Rocky si alza alle cinque del mattino e frulla le uova che poi beve, e quella scena mitica del film, che ha sconvolto un po' tutti, è ben ancorata dentro di me. Mi sento sempre di più Rocky e mando giù!

Così ogni pomeriggio finita la scuola, prendo il mio shaker, metto un po' d'acqua, aggiungo un misurino di super disgusto, così avevamo soprannominato quell'integratore, shakero mando giù e mi alleno e senza saperlo, con quei gesti, sto preparando la mia mente alla più importante regola per il successo che mi sarebbe stata utile per gli anni futuri, la disciplina legata alla perseveranza (trovi l'approfondimento n°1 a fine capitolo). La scintilla è nata.

Ho diciassette anni e mi innamoro di due concetti: lo sport e l'integrazione alimentare che ne favorisce le performance. Si fa sempre più intenso il desiderio di approfondire la conoscenza di quel settore ancora sconosciuto in Italia, e che ho già intuito diventerà il mio lavoro.

Da noi in commercio trovi unicamente i prodotti Enervit; le proteine dell'uovo che stiamo assumendo con grande sforzo, tanto sono cattive, arrivano dalla Germania. Sono intrigato e affascinato dalle opportunità che intravedo e, tutto il tempo libero che la scuola mi lascia, lo spendo per leggere, documentarmi, studiare, approfondire le tematiche della nutrizione applicata allo sport che, sempre più, sento e vivo con passione assoluta (trovi l'approfondimento n°2 a fine capitolo).

È il 1989, ho diciannove anni, ho superato la maturità e sono iscritto all'Università. Per quanto ancora sfocato e in bianco e nero, sempre più si delinea in me l'obiettivo: questa passione intensa voglio diventi il mio lavoro.

Sono un ragazzo puntiglioso e preciso. Ho studiato attentamente il settore, ho letto tutto quello che esiste per approfondire l'argomento e l'imprenditore che è in me a livello inconscio, mi aiuta a vedere i limiti dei prodotti che esistono in commercio e che sono i primi di una categoria.

Le prime proteine che ho utilizzato erano davvero poco gradevoli, ma anche le seconde, le terze, le quarte bevande non sono certo una delizia! Da anni testo prodotti diversi, e non ne ho ancora trovati di gustosi al palato, ben aromatizzati, gradevoli e in grado di soddisfare anche il piacere delle papille gustative e dello stomaco!

Ho in chiaro la qualità che voglio iniziare a produrre ma non riesco immediatamente a capire a chi rivolgermi per acquistare le materie prime finché, ecco una brillante intuizione. Mi rivolgo anziché all'industria alimentare a quella farmaceutica.

Fisso appuntamenti con colossi del settore, multinazionali consolidate sul mercato, e ai responsabili racconto del mio progetto, del mio sogno di produrre i primi integratori alimentari made in Italy gustosi e gradevoli.

Sorridono questi manager nell'ascoltarmi, sorridono a questo diciannovenne di origine genovese, animato dall'entusiasmo e dalla certezza della sua visione, sono attenti alla mia storia e mi consentono di iniziare a dare concretezza al mio sogno "regalandomi" la quantità di aminoacidi ramificati che ho loro chiesto. Per questi colossi della farmaceutica la mia richiesta è concepibile solo come campionatura gratuita! Esco dalla sede della multinazionale con due chili di aminoacidi ramificati in mano e nelle tasche ancora tutti i miei risparmi.

21

Un breve inciso nel caso non "masticassi" di integrazione alimentare. Gli aminoacidi ramificati o a catena ramificata sono un gruppo di tre aminoacidi essenziali, rispettivamente chiamati L-Leucina, L-Isoleucina e L-Valina. Negli ultimi anni hanno conquistato il mondo dell'integrazione nutrizionale, in particolare quello sportivo, dove l'elevato tropismo muscolare e l'assenza di effetti collaterali degni di nota aggiunti al potenziale ruolo ergo genico, hanno facilitato l'uso di questi aminoacidi tra gli atleti di tutte le discipline. Io avevo deciso di cominciare la mia avventura, nel mondo dell'integrazione sportiva, proprio da questo importante integratore e devo dire con una buona dose di lungimiranza e fortuna, perché è questo l'integratore che più di tutti, a partire dalla fine degli anni Novanta è entrato nel quotidiano di atleti professionisti e non.

È un trionfo, sono quasi incredulo, soddisfatto e ancor più caricato e i giorni successivi affronto l'incontro con l'azienda alla quale propongo l'acquisto di una altrettanto esigua quantità, ma questa volta di proteine. E il copione si ripete, mi ascoltano, sorridono e mi offrono una campionatura gratuita. Non ho parole per descrivere il mio stato d'animo, ho tutto nelle mie mani, e, in effetti, sono letteralmente pronto a iniziare la produzione.

Nella mia camera ho già creato lo spazio e con amorevole cura e dedizione mescolo e rimescolo le polveri, continuo a mescolare con passione ed entusiasmo, e vedo nascere le mie creature: proteine e aminoacidi ramificati in polvere ben confezionati nei barattolini che ho già acquistato.

Non ho ancora un'etichetta grafica ma la macchina da scrivere di mio padre mi viene in aiuto. La macchina da scrivere di mio padre, questo sì che è un ricordo sul quale vale la pena soffermarsi! Era una vecchia Olivetti.

Quelle con i braccetti meccanici che vedi spesso nei film ambientati dal dopoguerra al fine secolo, che ticchettavano allo schiacciare di ogni tasto e facevano un baccano infernale, come se non bastasse il carrello scorreva da sinistra a destra e quando era arrivato in fondo lo facevi tornare alla posizione iniziale con una leva che produceva un suono tipo campanello da bici. Insomma sembrava di essere al circo.

La tastiera aveva un'evidente mancanza che oggi, nello scrivere queste righe che mi riportano seduto a quella piccola scrivania, mi fanno sorridere: non era presente il tasto col numero 1 che si otteneva utilizzando la lettera l (elle) minuscola oppure la I (i) maiuscola; allo stesso modo non era presente lo zero, che si otteneva digitando la O (o) maiuscola.

Sulle etichette, oltre alla composizione, al nome di fantasia dei prodotti e al peso lordo e netto, riportavo le tabelle nutrizionali per la maggior parte composte da numeri, puoi quindi immaginare quante volte ero costretto a riscrivere le mie prime etichette a causa di errori su errori, che tra le altre cose non potevi cancellare.

Una sera avevo appena terminato di confezionare il mio barattolo di aminoacidi ramificati, che avevo chiamato con molta fantasia Free Crystal, e dovevo ultimare la confezione con la relativa etichetta. L'avevo già rifatta per ben cinque volte, stavo terminando la versione definitiva quando sento suonare il campanello di casa.

Mi fermo di colpo, mi sono perso in quello che sto facendo come spesso succede, che è tardi sono certo ma non ho capito quanto tardi! Apro la porta e mi trovo davanti il vicino di casa con la faccia impastata dal sonno e il pigiama mezzo sgangherato che mi dice: «Ma ti rendi conto Emanuele che sono le due di notte? Sono più di due ore che batti con quella benedetta macchina da scrivere e nella mia camera si sente tutto come se fossi lì con noi».

Avevo lavorato per circa due ore e mezza per produrre una misera etichetta. Ma l'importante, come leggerai in diversi passaggi del libro, era aver raggiunto l'obiettivo, avevo i miei primi integratori in barattolo con tanto di etichetta.

Sono pronto per presentarmi alla prima palestra, al primo cliente.

L'istruttore è una brava persona, un tecnico molto capace che fa gare di sollevamento pesi, se ne intende lui ed è una delle persone meglio preparate sull'argomento in tutto l'hinterland milanese. Accetta di testare i miei prodotti con gli atleti che segue, anche se, come gli spiego, ancora non li ho aromatizzati.

Quindici giorni dopo torno per avere il feedback e, hai presente quando ti stai giocando tutto il tuo futuro, il tuo progetto, il tuo sogno? Sono in quello stato emotivo speciale, so dentro di me che avrei creato qualcosa nel mondo dello sport, ma ancora sono incerto e mi rendo conto che lì, in quel momento, si sta decidendo buona parte del futuro prossimo.

Varcando la soglia della palestra stavo ancora provando tutti questi sentimenti contrastanti, quando la magia m'investe lasciandomi stordito dalla felicità: «Non abbiamo mai provato un prodotto così, mai, mai», mi dice il preparatore sportivo!

A questo punto i miei piedi neppure toccano il suolo, sono completamente gasato e centrato, volo. Invincibile e assolutamente determinato, Rocky è lì con me e mi sento proprio come ho immaginato potesse sentirsi lui…

Torno negli uffici delle farmaceutiche e spiego loro del successo ottenuto, li coinvolgo e li contagio con il mio trasporto euforico, li travolgo con il mio entusiasmo e questa volta i manager, sempre sorridendo, ma ora con ammirazione meno velata, accettano di vendermi i primi chili di aminoacidi ramificati e proteine. Ho trovato i fornitori!

Recuperare le aromatizzazioni che mi occorrono per dare ulteriore gusto ai miei integratori è ormai "un gioco da ragazzi". Esco dagli uffici dell'industria che produce aromi che ho identificato adatta alle mie necessità, reggendo una campionatura gratuita e completa di dieci gusti. Il business è partito! La mia camera diventa a tutti gli effetti, la sede della mia azienda.

Produco, confeziono, vendo e trovo i clienti. Le palestre che rifornisco sono ormai una decina, i prodotti sono apprezzati dai clienti, i fornitori mi seguono con sempre maggiore interesse, non solo personale ma anche e soprattutto perché si sono resi conto che quello è un settore nuovo che sta per nascere. Tutto funziona bene.

Un giorno però, il mio cliente più importante, mi spiega che un suo atleta desidera assolutamente iniziare a servirsi dei miei integratori di cui tutti parlano così bene, ma li desidera in capsule.

Capsule? Sono raggelato. In un attimo nella mia mente si affollano ansie e angosce, sono in balia di capsule e macchinari che vorticosamente assumono l'aspetto dei pensieri più scuri e tempestosi. Preparo tutto in polvere nei miei "laboratori privati" (alias la mia camera) e non ho la più pallida idea di come possa produrre delle capsule.

Forse a te, che ingerisci una capsula semplicemente svitando il tappo di un flacone, questa richiesta non fa rizzare i peli di tutto il corpo, ma per me, che stavo lanciando la mia prima attività commerciale e per di più interamente realizzata a mano, era l'equivalente di un pugno in mezzo agli occhi.

Respiro, penso velocemente, mi concentro e rispondo all'allenatore che la settimana successiva il suo atleta avrà la confezione di aminoacidi in capsule. Mi ricavo uno spazio di gestione "della crisi" precisandogli che sarà una confezione più piccola ovvero da cento grammi equivalenti a cento capsule e non da cinquecento come per le polveri.

Esco dalla palestra velocemente. Devo prendere aria e vorrei fare una grande corsa, lontano. Nel mio intimo la vocina che mi sostiene, vince: voglio affrontare la mia prima sfida (trovi l'approfondimento a fine capitolo).

La mattina successiva indosso la giacca di rappresentanza, prendo in prestito da papà la valigetta ventiquattrore, che è ormai diventata la mia fedele compagna quando vesto i panni di direttore ufficio acquisti, nonché ricerca e sviluppo e, armato delle famose pagine gialle, salgo in auto per dirigermi agli uffici della Capsugel, azienda leader in Europa per la produzione di capsule.

A loro, posso raccontare oltre che del mio progetto, anche degli ottimi risultati fin lì ottenuti e dell'azienda made in Italy che sta prendendo vita e anche da loro ottengo una campionatura gratuita per testare il macchinario che (mi viene da ridere) presuppongono possieda. Mille capsule. Perché mille capsule occorrono per il test.

Subito a casa, tolte le vesti del manager, indosso quelle dell'operaio. L'area di lavoro si è ampliata. Il riempimento delle capsule ha luogo in sala, davanti al televisore dove preparo le polveri già miscelate, un telo per non sporcare, le capsule vuote, il barattolino che ne può contenere esattamente 100. Pronti e via!

Da buon "precisino" quale sono riempio la capsula, batto leggermente con le dita per consentire alla polvere di scendere bene ed evitare la formazione di aria, controllo, la finisco di riempire, chiudo, la pulisco... è perfetta. La faccio cadere nel barattolino. Ci metto così tanta attenzione che quelle capsule risplendono, sono perfettamente piene e perfettamente pulite.

Applico l'etichetta non più scritta in nero con la macchina da scrivere di papà, ma utilizzando uno dei primi sistemi di stampa a lettere colorate che un amico mi ha prestato. Per un lavoro coi fiocchi impiego ben tre ore esatte per preparare una confezione da cento capsule.

Nello stesso tempo faccio anche due conti a mente e decido di proporre questo mio nuovo formato con una maggiorazione di 10.000 lire corrispondenti alle attuali 5 euro.

Il mattino successivo mi presento dal cliente. «Ecco il prodotto in capsule della mia azienda!». Sì, dico proprio così. La mia azienda, con la camera "sezione polveri", la sala "sezione riempimento capsule" e i macchinari di precisione… le mie mani. Ed esiste pure il controllo qualità preciso più che mai e l'area etichettatura! Il cliente le prende, osserva con attenzione le singole capsule e apprezza. «Complimenti le capsule sono tutte riempite bene, devo dire che non mi era mai capitato di trovarle riempite così, si vede che hai macchinari di precisione». Le testerà. Fissiamo un appuntamento per la settimana successiva.

Puntuale mi presento sette giorni dopo e ricevo gratificazioni e consensi. Il prodotto va molto, molto bene. Il nuovo ordine: dieci confezioni in polvere e sette confezioni di capsule. Consegna: una settimana.

Hai mai provato il panico? Ti sei mai sentito sull'orlo di un precipizio bloccato lì a guardare la meraviglia di tutto quello che hai costruito sgretolarsi sul fondo? Quello che avevo vissuto (e superato) la settimana precedente era una passeggiata rispetto all'intensità del tumulto che mi sta sconvolgendo. E ancora faccio scorrere tutti i pensieri, prendo le distanze dalle emozioni e, senza esitazione rispondo che non ci sono problemi.

Impiego tre ore esatte a confezione e per i sette giorni successivi passo le serate davanti la televisione! Consegno orgoglioso l'intero ordine e quello successivo sale a venti confezioni. È ovvio che non possa farcela, è proprio una questione matematica, non ci sono venti serate in una settimana e durante il giorno ci sono tante altre cose da fare che impegnano il mio tempo.

Decido di fare il primo investimento. Ho a disposizione la cifra fin lì guadagnata, mi faccio coraggio, e sempre indossando il mio abbigliamento da manager, con l'ormai mia ventiquattrore di papà, vado per Milano alla ricerca di un macchinario semiprofessionale per confezionare le capsule. Lo trovo usato e l'acquisto immediatamente. Riempie mille capsule l'ora.

Le cose cambiano! Ho fatto il mio primo salto di qualità. Sono ancora lo stesso ragazzo di una settimana prima ma ora ho acquistato un macchinario e la mia produttività è decisivamente migliorata. Capisco che è arrivato il momento di smettere di fare tutto da solo e manualmente.

Ormai nelle palestre si parla di me e diversa gente comincia a propormi collaborazioni, vogliono sapere cosa possono fare, come darmi una mano. Sono orgoglioso ma anche un po' a disagio perché sono persone anche tanto più grandi di me, e in fondo io sono sempre un ventunenne. Un ragazzo, e da poco, senza tergiversare, ho deciso di lasciare l'università perché mi sono reso conto che nulla di quello che sto studiando nelle aule è paragonabile a quanto imparo giorno dopo giorno sul campo.

Decido di dare una svolta alla mia vita e di far decollare la mia "aziendina" e farla diventare un'impresa che produca una linea di integratori alimentari di qualità made in Italy. La passione e la voglia di superare le sfide si è integrata in me. Ho le idee più chiare e i risultati ottenuti sono stimolanti. Il rock dei Survivor è fedele compagno.

Inizio a studiare i primissimi prodotti che arrivano dagli USA e creo sulla carta la mia linea di integratori, destinata a sportivi e a chi desidera stare in forma. Capisco fin da subito che se voglio avere successo devo allargare la gamma con prodotti dimagranti e per il benessere che affiancheranno quelli prettamente sportivi.

La ricordo bene questa linea: due proteine del latte, una dell'uovo, un gainer per prendere peso e un sostitutivo di pasto per perderlo, delle vitamine, della crusca masticabile, degli antiossidanti, un pool di aminoacidi e degli aminoacidi ramificati, il tutto in diversi formati e gusti per un totale di quindici articoli.

Fisso un incontro presso una grande azienda semi farmaceutica di Bergamo, fornisco i dettagli del mio progetto, racconto le esperienze degli ultimi due anni. Mi stanno ad ascoltare per un'intera giornata e alla fine mi dicono che sono capace di comunicare e che faccio trasparire la mia passione. Mi accettano come cliente confermando di avere fiducia in me.

Ora ti dico che la cosa ha dell'incredibile perché l'azienda era gigantesca ed ero andato a proporre loro di produrre la linea che avevo inventato senza dei numeri a sostegno. Loro all'epoca producevano per colossi dell'impresa decine di migliaia di pezzi per lotto di ogni prodotto e stavano affrontando la sfida di realizzare un'intera linea di integratori per una società nascente, con quantità a dir poco ridicole.

Devi capire che questo miracolo è stato possibile grazie alla mia perseveranza e tenacia che, affiancate alla passione per l'integrazione alimentare, hanno reso possibile l'impossibile.

Ho ventidue anni. Ho fatto i conti, mi servono dieci milioni di lire, gli attuali 5.000 euro, per costituire con atto notarile la società, acquistare imballi e materie prime. Non li ho e li devo assolutamente trovare. Inizia così il tempo della ricerca fondi (oggi diremmo fundraising), devo trovare i capitali per iniziare a produrre la mia linea di integratori alimentari e per investire nella ricerca.

È il momento di indossare la giacca e prendere in mano la ventiquattrore, quella che era di papà, che contiene il mio progetto ancora e sempre più dettagliato e arricchito degli ultimi anni di produzione e vendita. L'obiettivo è trovare una banca che mi finanzi.

Mi presento al direttore della prima banca che ho deciso di contattare e poi al funzionario dell'istituto di credito alla posizione numero due dell'elenco che mi sono preparato. E continuo. Giorno dopo giorno mi presento con perseveranza.

Da una banca all'altra, spiegando nel dettaglio il mio progetto, raccontando la mia visione e gli obiettivi a lungo termine senza mancare di elencare i risultati già raggiunti. Sono animato da determinazione e costanza, dal mio sogno e dalla mia passione.

Con garbo, educazione, umiltà e gentilezza, senza mai avvilirmi o demoralizzarmi, continuo a fissare appuntamenti con i responsabili delle varie agenzie di credito e spesso torno anche dai responsabili che mi hanno già ascoltato e racconto dell'implementazione del progetto. E continuo, vado avanti. Non demordo.

Sono passati dieci mesi. Ho al mio attivo venti incontri

documentati nella cartella "colloqui con istituti bancari" e ho collezionato venti "no", ma so che dietro l'angolo c'è la mia opportunità, devo solo incontrarla nel momento giusto, lo sento e vado avanti con la media di un colloquio ogni due settimane, a raccontare del mio progetto e di come avrei potuto trasformarlo in azienda.

Un giorno, il direttore del primo Istituto di Credito che ho incontrato, preso dalla disperazione dopo la mia ennesima visita, ma anche piacevolmente interessato alla mia determinazione e fiducia, decide di erogare il finanziamento perché diversamente "non si sarebbe mai liberato di me"! Mi finanzia però al 50%. Non sto più nella pelle, ringrazio esultante e avvio le pratiche di accredito dell'importo.

Essere riuscito in questa impresa che mi ha visto spendere l'ultimo anno dedicando impegno totale pur senza tralasciare la formazione e gli studi settoriali sempre più approfonditi, mi consente di attivare risorse che neppure pensavo di possedere e scopro che sono proprio capace a far sentire l'entusiasmo che mi anima e la certezza che mi pervade. Ed ecco che velocemente ottengo il secondo finanziamento, il restante 50% dell'importo totale. Ho a disposizione il capitale che mi serve.

È il 1993. Ho ventitré anni. Nasce Progetto Nutrizione. Sono entrato nel mondo dell'industria. Ho finalmente pronta la mia linea di integratori, ho fatto realizzare il logo e le etichette sono stampate. Le notifiche al Ministero della Salute sono a posto.

Anche la rete di vendita e distribuzione è avviata. Sì, perché grazie al passa parola, alla reputazione che mi sono creato e alla campagna pubblicitaria sulle due principali riviste del settore bodybuilding che ho portato avanti per tutto l'anno del pre lancio, ben quindici venditori preparati e motivati e cinque responsabili di area gestiscono le vendite coprendo tre regioni della penisola a testa. È una bella struttura per una società neonata, che mi permette di distribuire capillarmente gli integratori, in ogni palestra d'Italia, senza tralasciare neppure i paesini sperduti.

Tutto sta funzionando splendidamente ma si fa strada in me la consapevolezza che per continuare l'espansione e il consolidamento devo scalare la mia attività e che per farlo devo aprirmi a collaborazioni ben più organizzate e ampliate rispetto a quelle che sono già attive.

Inizio a lavorare nella mia mente per creare il concetto di scalabilità e comincio a lavorare su di me per comprendere le basi che sarebbero diventate i pilastri del mio agire futuro (trovi l'approfondimento, uno tra i più importanti).

È vero che lavorando da solo ho molti meno fastidi, parlo con me, discuto, magari anche mi arrabbio, ma alla fine la soluzione la trovo velocemente. È anche vero che facendo tutto da me posso immaginare di espandermi da Milano e hinterland alla Lombardia tutta, posso riuscire a vedere aperta la strada per la Liguria ma certo è impossibile anche solo pensare di poter raggiungere il Lazio e l'intera penisola come è nei miei obiettivi.

Fino ad ora le cose sono andate bene e, contando sulle mie forze, ho raggiunto i massimi risultati ottenibili, ma la capacità di analisi e di introspezione, il desiderio profondo di evolvermi anche a livello personale mi fanno arrivare alla conclusione che lavorare in team avrebbe portato vantaggi all'azienda (trovi l'approfondimento a fine capitolo).

Devo cambiare il mio modo di operare. Ora non è più un "devo" ma un "voglio" strutturare collaborazioni produttive efficienti ed efficaci. Comprendo che il punto di partenza sono io come persona e che scoprendo e riconoscendo i miei valori e le mie capacità, senza venir meno all'autostima, indispensabile per restare fedele ai miei sogni, posso modificare il mio agire e, con gli strumenti giusti, imparare come fare per portare la mia propria autoefficacia a tutti i collaboratori.

Rivaluto il concetto di libertà che attribuisco anche agli altri, sono più attento a vedere le persone come a se stanti e capaci ciascuna di portare valore aggiunto, apprezzo la diversità anche di comportamento, riconosco meriti e abilità negli altri e anche in me stesso.

Capisco anche che prima di delegare a collaboratori devo addestrare e fornire motivazioni al mio team. Voglio una squadra allineata e congruente con i miei obiettivi e visione di azienda e sono anche disposto a integrare suggerimenti e consigli nel momento in cui ne riconosco la validità.

Voglio riuscire a trasmettere ai venditori la mia motivazione, far sentire la mia passione, il mio entusiasmo e i miei modelli, perché ormai ho la certezza che sono queste le caratteristiche che i primi fornitori, le banche e chiunque abbia portato a conoscenza del mio progetto, hanno colto e apprezzato.

Passo dal formare me stesso al formare la forza vendita aziendale, iniziando con riunioni ripetute a cadenza di due mesi l'una dall'altra e contemporaneamente dando il via all'affiancamento necessario a perfezionare le nostre tecniche di vendita. Percorro tutta l'Italia consolidando i rapporti con clienti già acquisiti e raccogliendone sempre di nuovi, sempre in squadra, sempre affiancando qualcuno dei miei venditori. Sempre più motivati. Sempre più team.

Ho ventiquattro anni e intorno a me la rete vendita di Progetto Nutrizione è forte, strutturata, coesa e con un forte senso di appartenenza che ci unisce. I risultati sono incredibili e sono pienamente soddisfatto dell'aver impegnato l'anno precedente a viaggiare per la penisola.

Ed ecco che sento farsi strada, come sempre dopo aver raggiunto un obiettivo, l'idea che per dare ulteriore spinta all'azienda è necessario migliorare la distribuzione della linea di integratori.
Procedo con quello che oggi chiameremmo brand positioning (trovi l'approfondimento il n°6 a fine capitolo).

Contatto le maggiori riviste del settore e le prime campagne pubblicitarie prendono il via. «È nata la qualità», «La qualità assoluta» e via su questa strada e Progetto Nutrizione si afferma, cattura l'interesse, le persone ci chiamano oltre che per "provare la qualità e l'eccellenza del made in Italy degli integratori", anche proponendo collaborazioni e progetti.

I risultati sono eccellenti e portano al riconoscimento della forza vendita e a un notevole incremento del fatturato. La pubblicità e il marketing sul prodotto stanno inequivocabilmente posizionando la nostra linea di integratori alimentari come la più innovativa e interessante del mercato italiano. È nato il mio brand.
E come già era successo in precedenza, ecco che si affaccia in me

il desiderio di andare oltre. Sono consapevole del fatto che sto distribuendo i prodotti alle palestre, che sono vincolato alla gestione, al marketing, alla visione della proprietà che è eterogenea e in continuo movimento. Oggi va tutto bene, sono apprezzato e riconosciuto, ma non posso agire liberamente a livello di distribuzione. Non posso imporre le mie idee ai clienti e intanto sono anche nate una decina di realtà concorrenti alla mia in Italia e prendo coscienza che per garantirmi certezze devo fare un ulteriore passo in avanti.

Mi chiedo cosa succederebbe se la linea distributiva fosse di mia proprietà, se potessi liberamente, oltre che sul marketing dei prodotti e dell'azienda, intervenire anche sulla distribuzione dei prodotti.

Nasce il progetto Vitamin Store. La catena di negozi specializzati in produzione e vendita di integrazione alimentare, che nel ventennio successivo si affermerà come la prima e più importante in Europa.

Gli APPROFONDIMENTI del capitolo 1

n°1 Disciplina e perseveranza

Perché sono così importanti e perché lego tra loro questi, apparentemente semplici, sostantivi femminili? Per ottenere successo nel business la disciplina è il primo pilastro che devi costruirti. Il dominio degli istinti e degli impulsi è fondamentale da raggiungere, (gli errori più grandi li ho compiuti quando non sono stato in grado di dominarli). Puoi farcela e diventare il "domatore" di te stesso attraverso l'impegno e il sacrificio.

Inizialmente incontrerai delle resistenze. La disciplina è sempre "contro natura" poiché ti obbliga a imparare nuovi comportamenti e a tenere a freno i vecchi, ma sii certo che la svolta è a portata di mano e puoi riuscire con grande successo.

Certo la disciplina avrà una connotazione e un valore direttamente proporzionale all'obiettivo per la quale la eserciterai. Più grande, strutturato e chiaro sarà il tuo obiettivo, più agevolmente sarai disciplinato.

44

A tutto questo dovrai affiancare la perseveranza ovvero la costanza di comportamento accompagnata da propositi virtuosi; È proprio tramite la costanza che i nuovi comportamenti saranno infatti integrati nelle tue abitudini. Anche questa, tuttavia, sarà più forte se legata a un obiettivo chiaro, preciso e ben visualizzato (a tal proposito se lo desideri puoi trovare un audio corso sugli obiettivi su www.metodoimprenditorelibero.com).

La disciplina e la perseveranza sono a tutti gli effetti i primi due segreti che ricorrono costantemente nella mia vita e applicati insieme faranno di te una persona destinata al successo! Tutti gli obiettivi saranno perseguibili nessuno escluso se integrerai questi due sostantivi nel tuo abituale modo di fare.

n°2 Passione
Nel mondo nulla di grande è stato fatto senza passione.
(Georg Wilhelm Friedrich Hegel)

Per me la passione è tutto, è la bussola della mia vita, è la ricarica della mia inesauribile energia, è la forza che mi fa muovere mari e monti e la calamita che attira nella mia vita persone straordinarie.

Il vero segreto è insistere nel dirti .... segui la tua passione vivi con essa e buttati con tutto il cuore, è lei che ti fornirà la carica per vincere e per trascinare letteralmente le altre persone nel vortice delle tue visioni. La passione è impetuosa, è una forte attrazione che smuoverà le cose e ti permetterà di superare ostacoli che all'apparenza ti sembreranno insormontabili. Nella terza e ultima sezione di questo libro, troverai infatti una serie di esercizi, uno dei quali verte sull'individuazione della tua passione. È da lì che partiremo a creare la tua attività o che modificheremo quella attuale.

n°3 Sfide

Della parola sfida se ne fa un gran parlare, io partirei dal significato letterale del sostantivo ovvero "provocazione dell'avversario a duello o qualsiasi altra competizione".

Nel mondo dell'imprenditoria di sfide ne affronterai in quantità superiore alla tua immaginazione ed è fondamentale comprendere che non è importante chi o che cosa innesca la miccia. Può essere indistintamente un dipendente, un fornitore, una banca, un

46

trasportatore, un organo di controllo, un macchinario, un computer ecc., ciò che importa è sapere che la "provocazione a duello" è sempre indirizzata a te. Sei tu il beneficiario della "provocazione" e sei tu che prima devi trovare in te la forza di superarla e successivamente l'insegnamento che essa contiene.

Quando ti si presenta una nuova sfida non ti avvisa, non ti avverte prima, arriva e basta e magari in un momento "sbagliato" perché non so come ma sembra che ci veda benissimo e sia abile, la sfida, a trovare il momento giusto per entrare nella tua vita. Allora devi trovare in te la forza per affrontarla, con la consapevolezza che una volta superata sarai una persona diversa con nuove abilità ad arricchirti.

Negli ultimi anni ho imparato ad accettare le sfide per come oggi le vedo, un corso accelerato di autogestione e crescita personale. Solo in questo modo le accetterai e permetterai a te stesso di crescere diventando una persona migliore… almeno fino alla prossima sfida!

n°4 Scalabilità

Scalabilità si riferisce alla capacità di un sistema di crescere o diminuire in modo scalare in funzione delle necessità e delle disponibilità. La scalabilità permette al sistema di incrementare le proprie prestazioni se a tale sistema vengono fornite nuove risorse.

Per me è stato un vero e proprio cambio di paradigma passare per le tre fasi, dal fare tutto da solo, all'avvalermi di collaboratori per poi passare all'avere affiliati autonomi, ma quando ho metabolizzato questo passaggio e integrato in me il germe della scalabilità mi si è veramente aperto un mondo nuovo. Un mondo pieno di risorse e opportunità.

Certo, passare dal far di conto e gestire le proprie capacità all'utilizzare quelle altrui è una crescita che richiede tempo e lavoro mentale. Mi capirai bene se sei passato dal lavorare da solo all'assumere un team di dipendenti, ma è un lavoro che crea un incredibile valore aggiunto.

Credo sia la skill più importante che tu possa acquisire lungo la via che ti porterà al successo e dedicherò un intero capitolo del prossimo libro della collana Metodo Imprenditore Libero, proprio a lei la scalabilità perché, quanto un determinato sistema sia scalabile, dipende dalla sua architettura iniziale.

n°5 Lavorare in team

Nessuno può fischiettare una sinfonia.

Ci vuole un'intera orchestra per riprodurla.

(Halford Edward Luccock)

È difficile per me spiegarti in poche righe cosa significhi veramente lavorare in team e cosa ha significato nella mia carriera di imprenditore, posso però cercare di passarti tre concetti fondamentali:

1. Devi passare un po' di te ai tuoi collaboratori, come farlo è altra storia e ci sarebbe da scriverci un intero libro.

2. Devi apprendere la capacità di metterti da parte e portare avanti anche idee dei tuoi collaboratori.

3. Devi trattarli bene e portarli sul palmo della mano perché sono la tua risorsa e la tua estensione.

Nessuno nasce capace nella gestione delle altre persone, già per il solo fatto che siamo unici è complesso rapportarsi con gli altri, quindi tranquillizza la vocina che nella tua mente si sta facendo strada. Sappi che è un lavoro che imparerai col tempo e l'applicazione, l'esperienza ti guiderà ma cerca di comprendere i tre punti che qui sopra ho espresso, perché saranno il tuo drive per il successo del lavoro in team.

E ricorda, se vuoi far crescere la tua azienda non importa quanto ti sforzi, quanto sei bravo e neppure quante ore lavori, perché la sinfonia del tuo successo sarà suonata dall'orchestra che chiamerai team, del quale tu e solo tu sarai il direttore.

n°6 Brand Positioning

Devo ammettere che all'epoca (circa ventisei anni fa) quando misi in pratica il brand positioning per la prima volta con Progetto Nutrizione e costruii la percezione che i consumatori avrebbero avuto dei miei prodotti occupando, con la mia offerta la posizione specifica di prodotti di alta gamma made in Italy per frequentatori di palestra, non sapevo bene cosa stessi facendo. Lo feci e basta.

Scrissi su tutte le pubblicità «È nata la qualità» arrogandomi il diritto di dire che fino a quel momento tutto fosse inferiore, e funzionò, funzionò alla grande. Appesi sui barattoli un tagliandino "controllo qualità" con il relativo timbro che aumentò la percezione del posizionamento e dopo qualche anno aggiunsi uno scudetto sul fronte dell'etichetta con il tricolore italiano e la scritta «made in Italy».

La strategia era di posizionarmi, nella mente dei miei clienti, come un'azienda di alta gamma destinata agli atleti delle palestre e di conseguenza questa scelta guidò le mie campagne pubblicitarie e tutta l'attività di marketing che ne seguì per i successivi venticinque anni.

Lo stesso feci con la nascita del brand Vitamin Store che promossi come uno tra i migliori sul mercato, poi con il brand low cost che divenne il più conveniente e così via per ognuno dei brand che negli anni successivi creai all'interno di quel mondo. Ogni brand aveva il suo carattere che guidava il marketing e le strategie comunicative.

Crea la tua posizione sul mercato, conquista la tua fetta, divieni il leader della categoria che hai scelto e gestisci il marketing in modo che sia coerente con ciò che hai deciso per la tua azienda. Questa è l'unica strada che dovrai percorrere per avere un posto chiaro nella mente dei tuoi clienti.

Si parla di positioning da quando nel 2001 Al Ries e Jack Trout hanno scritto il primo volume sull'argomento: *Positioning the battle for your mind*, seguiti da Roz Swartz Williams con *Masterful brand positioning* e da Alex Taylor con *Brand positioning for the online worlds*. Nel 2017 anche in Italia abbiamo iniziato a parlare di positioning in modo professionale con Marco De Veglia con *Zero concorrenti* e Giacomo Bruno con il suo *Posiziona il tuo Brand*. Se vuoi puntare al successo leggi questi libri, almeno quelli italiani, crea il tuo brand e conquista la mente dei consumatori.

In questi approfondimenti abbiamo visto:

n°1 Disciplina e perseveranza
Applicate insieme la disciplina e la perseveranza faranno di te una persona destinata al successo.

n°2 Passione
Nel mondo nulla di grande è stato fatto senza passione, lascia che sia lei a guidarti e non lavorerai mai.

n°3 Sfide
Trova in te la forza di superarle e successivamente l'insegnamento che esse contengono.

n°4 Scalabilità
La scalabilità è una delle skill più importanti che ti apre il mondo delle risorse e opportunità.

n°5 Lavorare in team
Nessuno può fischiettare una sinfonia da solo, ricrea un'orchestra nella tua attività e riproduci la sinfonia del tuo successo.

n°6 Brand Positioning

Costruisci la percezione che i consumatori hanno dei tuoi prodotti occupando una posizione specifica.

Capitolo 2:
Visualizza la tua idea

Ho quindi identificato come fare il mio vero salto di qualità. Passare da un'azienda che produce integratori alimentari, lasciami dire, in maniera classica con venditori e agenti – in realtà era strutturata con capi area, venditori e agenti – a qualcosa che in Italia ancora non esiste, un franchising.

Siamo nel 1995 e vi è ben poco sul mercato. Quando voglio spiegare a qualcuno cosa desidererei fare, per farmi capire, devo portare l'esempio di Benetton. Non esistono altri franchising conosciuti in Italia. Ce ne sono sì alcuni, ma alla massa arriva solo il nome dell'azienda che si era fatta ben distinguere con le immagini, spesso discusse, di Oliviero Toscani.

Non esiste inoltre un contratto internazionale per il franchising. Nei paesi anglosassoni già si parla e si lavora benissimo in questa forma, ma da noi siamo agli albori. Devo strutturare un contratto atipico, così si definisce.

Ma anche con il settore integratori alimentari siamo agli albori e la seconda sfida che incontro in questa fase è di riuscire a ottenere l'autorizzazione per aprire un punto vendita.

Nel futuro sarebbero state liberalizzate e semplificate nelle categorie alimentari e non alimentari, ora è tutto contingentato e le autorizzazioni sono riferite a micro segmentazioni nelle quali, devi poter identificare l'attività per ottenere l'autorizzazione.

Siamo nel 1995 e non esiste ancora il settore degli integratori alimentari per cui quando mi presento con i miei primi affiliati alla sezione commercio degli uffici municipali si verifica sempre la stessa scena: «Che tipo di negozio aprite?», «Un negozio d'integratori alimentari». La dipendente comunale ci guarda fissa senza comprendere che cosa stiamo dicendo. E ogni volta ci rispondono allo stesso modo: «È un settore che non esiste».

Ma non mi faccio arrestare da un problema che a una prima analisi sembra insormontabile, ho deciso che aprirò una catena di negozi specializzati nel mio bel paese e questo intendo fare! E quindi avanti ad affrontare una nuova sfida cioè aprire una catena intera in un segmento che non è riconosciuto, quello degli integratori alimentari.

Iniziamo a trovare degli escamotage e i primi negozi li apriamo adottando strategie incredibilmente flessibili. Intanto, per farci comprendere usiamo sempre la stessa affermazione: «Noi apriamo un negozio di integratori alimentari». E allo sguardo basito del dipendente comunale aggiungiamo: «Un negozio che vende Gatorade».

E allora lì gli occhi davanti a noi s'illuminano e riprendono vita. Gatorade è un prodotto conosciuto ben pubblicizzato in televisione. «Ah, vendete Gatorade! E quindi?». E quindi dobbiamo inventarci il segmento nel quale inserire la nostra licenza.

Per tutto l'anno lavoriamo a testa bassa per riuscire ad arrivare alle prime cinque autorizzazioni e apriamo cinque negozi. E, tieniti forte, apriamo a Milano come panetteria-alimentari, a Terni come erboristeria che può, però, vendere solo prodotti preconfezionati, a Brescia apriamo come frutta e verdura, a Firenze e a Prato come generi alimentari.

Una cosa è certa, io continuo, e ho sempre continuato, a visualizzare la catena Vitamin Store, l'ho molto ben chiara nella mia mente, so cosa voglio e non ho alcuna intenzione di fermarmi né di essere bloccato (trovi l'approfondimento n°7).

Se c'è un problema deve per forza esistere la soluzione: è la mia concezione del business e la applico ancora oggi (trovi l'approfondimento n°8).

Non esistono in Italia contratti franchising e dobbiamo creare *ex novo* un contratto atipico? Bene, lo scriviamo. Quando mi dicono non esistono autorizzazioni in essere per la vendita di integratori alimentari e non sappiamo come farvi aprire questi negozi, anche lì ho trovato una soluzione. Perché è talmente forte e chiaro il desiderio di vedere la mia visione realizzata che non mi fermo di fronte a nulla.

E proprio questa forza e certezza mi ha consentito di raggiungere l'obiettivo prefissato: costituire una catena di negozi di mia proprietà fino ad averne uno per ogni città d'Italia.

I primi cinque negozi sono aperti dai miei collaboratori più stretti che credono in me e nel progetto. Sono all'inizio, sto nascendo e non ho ancora consolidato la mia credibilità sul mercato, non ho un brand, sto vendendo integratori alimentari ma, pensaci bene, non ho un brand legata alla catena di negozi. In questi anni, oltre a Benetton, non esistono dei grandi brand in catena, per cui non attiro ancora attenzione né dei media né degli investitori come sarebbe accaduto da lì a qualche anno.

Contemporaneamente alla crescita e alla creazione della mia visione che comincia a prendere forma, quella di una catena che sia in grado di arrivare a servire ogni città del mio Bel Paese, inizio ad affrontare delle sfide sempre maggiori, legate alla logistica, alla struttura che deve stare dietro a una catena in crescita, a una catena che vuole svilupparsi ed esprimersi al meglio. La prima cosa che faccio è consegnare ai miei genitori la lettera di sfratto dal box.

GENNAIO 1994

Mi posiziono e lo spazio diventa a tutti gli effetti sia magazzino sia area adibita a confezionamento dei prodotti che mi arrivavano su bancali dall'azienda produttrice. Ed è proprio qui nel box di casa che costruisco le scatole, etichetto, e preparo gli ordini per la spedizione.

Le cose vanno bene e comincio presto ad avere la necessità di muovermi in uno spazio più ampio e affitto un altro piccolo magazzino sempre vicino a casa, con gioia dei miei genitori che possono nuovamente utilizzare il box per il loro scopo.

SETTEMBRE 1994

E qui inizio ad automatizzarmi un po' con la mia prima etichettatrice. Come vedi, in realtà ho acquistato un semplice tavolino sul quale mi appoggio e l'etichettatrice sono io che ogni momento libero del giorno, a mano, posiziono le etichette sui barattoli. Sì perché devi sapere che il lavoro sta crescendo, i negozi stanno nascendo e la mia distribuzione aumentando, la richiesta è in forte aumento, e io ero ancora da solo, svolgo tutte le mansioni.

Sono il direttore dell'azienda, il magazziniere che carica e scarica, il segretario che emette le fatture, e, ovviamente, il venditore. Perché sono anche il primo venditore dell'azienda, carico i prodotti in auto ed esco in tentata vendita. Il tutto sempre da solo.

Poi, a distanza di poco tempo ecco il primo salto di qualità. Con il primo vero capannone. Ora, e per la prima volta mi sento davvero un imprenditore. Ho venticinque anni e lavoro duramente, giorno e notte, per mettere completamente in regola lo spazio. E con il capannone sistemato a regola d'arte, gli uffici arredati e tutti gli spazi allestiti, arrivano la prima segretaria e il primo magazziniere.

La prima vera sede con uffici del 1995

Intanto il lavoro cresce e nei due anni successivi assumo contemporaneamente la seconda segretaria e il secondo magazziniere perché la catena grazie alla pubblicità e al marketing molto spinto che porto avanti sui prodotti e sulla catena stessa, inizia a prendere forma e ad avvicinarsi ancora e sempre più alla mia chiara visione.

Con i miei trent'anni la catena comincia ad avere un nome che risuona nel mondo dello sport. Vitamin Store inizia a essere un riferimento. È piccola ma nelle città in cui è presente si fa notare molto, molto bene.

Ed è in questo periodo che la mia fidanzata Natasha, con la quale ho sempre condiviso questa mia passione e iniziato questo cammino, di cui era però partecipe fin lì solo marginalmente, perché aveva il suo lavoro d'estetista, decide di lasciare la sua professione per iniziare a collaborare con me. Ecco un altro momento di svolta.

La persona che finora più mi è stata vicina, che accompagna la mia vita e condivide le mie visioni fin da quando io ventitreenne e lei ventunenne passavamo i week-end in giro per l'Italia a vendere gli integratori alle gare, la ragazza che mi accompagnava alle fiere, alle manifestazioni e conosceva un po' tutto lo staff che piano piano stava crescendo intorno a me, era così coinvolta da lasciare il suo lavoro per venire ad aiutarmi (trovi l'approfondimento n°9 in fondo al capitolo).

Il capannone diventa un momento fondamentale di passaggio nel nostro rapporto perché condividiamo per un anno gli uffici dalla mattina alla sera e superiamo uniti le prime sfide, la donna che qualche anno dopo sarebbe divenuta mia moglie, mi aiuta e mi è vicina fino a quando decidiamo di aprire insieme il primo Vitamin Store di Milano.

Un turbinio di eventi accompagna quella prima apertura, ti basti pensare che abbiamo aperto con un ritardo di quattro mesi causa malintesi con la ASL locale (in quel periodo la comprensione di cosa fosse un negozio di integrazione alimentare era ancora a zero) e otto mesi dopo l'inaugurazione ci è arrivata una raccomandata dal comune di Milano che chiedeva di chiudere immediatamente l'attività a causa di vicinanza con il supermercato PAM, sì, hai capito bene, dopo un anno di spese e peripezie varie ci declinavano la licenza, perché troppo vicini a un supermercato.

Eravamo due ragazzi poco più che ventenni e in quel momento decidiamo che nulla ci avrebbe fermato, nemmeno quei problemi che dalla nostra modesta altezza sembravano montagne da record. Abbiamo proseguito lottando giorno dopo giorno uniti nell'intento e nella passione in una storia felice e piena di grandi successi.

Non so con certezza cosa sarebbe accaduto, se in quella fase fossi stato solo, se non avessi avuto una compagna pronta a lottare al mio fianco, una spalla sulla quale riposare ogni tanto per recuperare le forze per il giorno dopo. Penso sarebbe stato tutto ancor più difficile e avrei potuto rinunciare al mio sogno, perché lottare da soli è più complicato.

Non ho una sfera di cristallo, ma posso dirti che molte persone che non hanno la fortuna di avere accanto una persona che le sorregga nei momenti critici rinunciano prima di aver provato tutte le strade percorribili.

Quello che voglio sottolineare è che è importante per te che hai un'idea, un sogno, condividerlo con le persone che ti stanno vicino. Condividerlo fin dall'inizio e nei minimi particolari, affinché anche le persone della tua famiglia ti siano di supporto e non di intralcio come spesso capita. Perché sono anche il supporto e il calore della tua famiglia che ti daranno quell'energia in più per superare tutte le sfide che ti troverai ad affrontare.

Gli APPROFONDIMENTI del capitolo 2

n°7 Visione

La visione è sicuramente uno dei segreti che accomuna le persone di successo, nel mio caso era chiara, appena ho iniziato a pensare a una distribuzione diretta e ai negozi Vitamin Store, ho immediatamente visualizzato un punto vendita in ogni città d'Italia e successivamente nelle capitali europee.

Vedevo letteralmente lo stivale dall'alto e una luce accesa mi indicava la presenza del mio negozio nella città. Ricordo perfettamente che immaginavo che le luci fossero così tante da illuminare tutta l'Italia!

Ogni qual volta ricevevo una risposta negativa, avevo davanti agli occhi quell'immagine e semplicemente procedevo verso di essa, non permettevo a nessuno di fermarmi.

Insomma la visione nitida, mi ha certamente aiutato a essere più focalizzato, ma anche a comunicare meglio e più chiaramente.

Dovrai infatti essere in grado di trasmettere la tua passione al fine di coinvolgere in essa le persone che incontrerai.

La tua visione sarà il tuo driver, non permetter a niente e a nessuno di offuscarla. Mantienila chiara e limpida nella tua mente. Ricorda che, per il solo fatto che la immagini vividamente, essa già esiste, in un piano astratto che chiamiamo pensiero, essa esiste, ora sta a te agire al fine di vederla concretizzarsi anche nel mondo materiale.

n°8 Problema/Soluzione

Se incontro un problema, prima lo comprendo e immediatamente mi metto alla ricerca della sua soluzione. È una strategia che ho imparato fin da ragazzo, non perdo energie preziose nel rimuginare sul problema, analizzo da dove sia sorto solo con lo scopo di organizzarmi ed evitare di ripeterlo in futuro.

Ma andiamo per ordine. Iniziamo dal concetto di energia mentale. Questa forma di energia è, per sua stessa definizione, misurabile quantitativamente, ciò significa che ne possediamo una certa quantità. Può essere allenata e aumentata con l'esercizio, ma una cosa ci accomuna tutti, non ne possediamo riserve illimitate. È di vitale importanza che tu capisca questo aspetto fin nelle sue più profonde implicazioni, perché su questo si basa il resto della forza di questo segreto.

L'energia mentale è la forza che ti permette di risolvere i problemi, di affrontare le sfide e di coinvolgere chi ti circonda. Se rimani privo di energie mentali mentre devi affrontare clienti, fornitori e parenti, entri in stato di stress cronico e il livello dell'ormone cortisolo nel sangue si innalza pericolosamente.

In condizioni naturali tale livello è alto la mattina poco prima di svegliarsi, si abbassa poi fino a raggiungere il punto minimo durante la notte al fine di conciliare il sonno. Sotto stress, avrai livelli ematici dell'ormone ballerini durante il giorno, spesso con alti livelli anche in serata. È stato dimostrato come l'eccesso di cortisolo uccide i neuroni e ne rallenta la formazione, inoltre diminuisce l'efficacia della memoria a breve termine.

In definitiva, lo stress ha un ruolo di primo piano nella lucidità mentale, problemi di memoria e scarsa capacità di concentrazione, tutte caratteristiche che devi salvaguardare se vuoi intraprendere la strada del successo.

Aggiungo anche che il cortisolo ad alti livelli inibisce la produzione di melatonina, l'ormone che tutti sappiamo conciliare il sonno, creando un pericoloso circolo vizioso. Vi sono due effetti collaterali importanti di un sonno non corretto, vi è la possibilità che tu non riesca a raggiungere gli stadi di sonno profondi (quelli tipici delle onde cerebrali a bassa frequenza tra i 0,1 e i 3,9 hertz o onde Delta) e quindi non riesca a metabolizzare i ricordi e gli avvenimenti della giornata nella memoria a lungo termine e la possibilità che non produca correttamente gli endofarmaci dal tuo corpo utilizzati a scopo terapeutico.

Spero di cuore che questa mia digressione sui potenziali problemi causati dallo stato di stress abbia attirato la tua attenzione e spero altresì che abbia compreso come la tua energia mentale sia un bene da salvaguardare con attenzione.

Perché ora veniamo al nocciolo della questione. Se, quando incontri un problema di un livello fino ad oggi non ancora affrontato, e quindi per definizione più grande di te, ti concentri su di esso, stai sprecando energie mentali preziose. E più tempo passi a rimuginare sul problema, più questo acquisirà importanza nella tua mente e spazio nei tuoi pensieri.

Più acquisirà importanza nella tua mente e nei tuoi pensieri più velocemente ti prosciugherà le riserve della tua preziosa energia mentale. E ora mi permetto di porti la domanda fatidica: come pensi di risolvere un problema di dimensioni maggiori di quelle fino ad oggi risolti, se spendi le tue preziosissime energie pensandoci su anziché rivolgerti alla sua soluzione?

Esatto, questo è il punto: lo so che noi esseri umani siamo portati a pensare e ripensare all'errore fatto o al problema da affrontare, ma sta proprio qui la differenza tra chi si perde nei problemi e ne resta soffocato e chi ne emerge più forte di prima. Devi concentrarti sulla soluzione del problema, solo ed esclusivamente su di essa!

Ricorda che i risultati arriveranno lì dove tu investirai la tua energia mentale. Pensaci, se la impiegherai per pensare al problema, quello otterrai, ma se la impiegherai per cercare una soluzione, beh allora la soluzione sarà ciò che troverai!

Come probabilmente saprai l'etimologia della parola problema deriva dal greco e dal latino con significati leggermente diversi e per completezza vediamoli entrambi. Dal greco l'etimologia della parola è da ricondursi próblēma = sporgenza, promontorio, impedimento, ostacolo dal verbo probállō = mettere davanti, che deriva, a sua volta dall'unione di pro = innanzi + bállo = mettere, gettare.

Quindi problema significa letteralmente ostacolo, impedimento, situazione difficile da superare o risolvere. Dal latino problema-mătis ossia questione proposta. Anche questa versione mi piace molto, in particolare mi attrae l'idea che la questione venga proposta al fine di risolverla.

Con entrambe le etimologie chiarite, capisci meglio come affrontando un problema ci troviamo di fronte a una situazione difficile da superare e risolvere, pertanto dobbiamo concentrarci esclusivamente sulla sua soluzione.

Così come hai la capacità di aumentare il focus e quindi i risultati sull'argomento che ti sta a cuore, allo stesso modo devi porti rispetto la sfida e focalizzarti sulla sua risoluzione. Devi mettere le energie laddove vuoi ottenere il risultato e non permettere alle distrazioni di rubartene neppure una parte.

Se ti concentrerai sulle soluzioni, quelle produrrai e continuando ad impegnarti in questo schema, nel giro di qualche tempo, lo avrai integrato nel tuo abituale modo di agire. Prima che te ne accorga, diventerai una persona in grado di affrontare le sfide del business e della vita, crescerai in modo esponenziale e starai costruendo le tue fondamenta per il successo!

n°9 Coinvolgere

Coinvolgere significa interessare ovvero ottenere la partecipazione di qualcuno. Come avrai percepito nel capitolo uno e meglio compreso nel due, coinvolgere le persone è sempre stata per me una priorità.

È vero che mi viene spontaneo e magari non è lo stesso per te, ma se comprendi quanto importante può essere nella tua vita coinvolgere chi ti circonda da vicino e, successivamente, le altre persone che incontri, allora vedrai che lo sforzo iniziale che dovrai compiere per implementare questa caratteristica, sarà ampiamente ripagato dal calore e dall'energia che ne riceverai.

Per me coinvolgere un collaboratore o un fornitore è tutto, è il punto di partenza di un rapporto, se vuoi che quel rapporto cresca. E questo concetto si amplifica e acquisisce importanza maggiore se parliamo dei nostri parenti.

Come fai ad affrontare sfide continue e far sì che queste non si ripercuotano negativamente sulla vita in famiglia senza coinvolgere i parenti stretti? Ti troveresti a svolgere un doppio lavoro, una doppia sfida che ti lascerà prosciugato nel giro di poco tempo.

Ricorda che chi ti circonda e ti vuole bene, deve diventare per te un punto di forza, una zona di ristoro dove ricaricare le batterie. Vedo purtroppo troppo spesso situazioni dove questo non avviene, e ahimè accade l'opposto. Il compagno o il genitore che non è coinvolto costruttivamente nel tuo progetto ti contrasta al primo problema, ti crea disagio e difficoltà aggiungendo così preoccupazioni a quelle già esistenti.

Permettimi di fare un excursus sull'argomento; in famiglia ci sentiamo più sicuri perché essa rappresenta le nostre radici, tuttavia la gestione dei rapporti non sempre è facile. Le incomprensioni possono acuirsi proprio con le persone con le quali si ha maggior confidenza, da una parte perché ci si sente in diritto di giudicare e dall'altra in quanto è facile cadere nel senso di colpa. Per un compagno è fin troppo facile cadere nell'errore di dirti, al manifestarsi del primo problema, «Hai visto te l'avevo detto io che…», anziché sforzarsi di trovare le giuste parole per sostenerti.

Con i genitori è anche peggio, ho visto ragazzi in gamba con capacità imprenditoriali notevoli, sgretolarsi davanti alle critiche dei propri genitori. Combatterle è un'impresa disperata, vanno accettate con un sorriso e affrontate con amore. Si tratta pur sempre delle persone che ti hanno visto crescere, è difficile dichiararsi indipendenti da mamma e papà, che comunque avranno sempre quel ruolo nei tuoi confronti.

Devi capire che i tuoi genitori sono adulti con le loro fragilità, errori mai ammessi e sensi di colpa. Al di là della forma, spesso non corretta, di espressione, oltre quella che magari è l'incapacità di comunicare con le parole adeguate, oltre qualsiasi atteggiamento possano assumere, c'è sempre e comunque molto amore. Essi hanno vissuto una storia di cui non sai quasi nulla, adesso è il momento di affrontarli per quello che sono, esseri umani fallibili.

Coinvolgili nel tuo progetto, abbi pazienza se inizialmente sarà un'impresa ardua, hanno una storia differente dalla tua e hanno vissuto le loro esperienze in epoche profondamente diverse da quella che oggi ti trovi ad affrontare tu. Ma sii comunque deciso a difendere te stesso, la tua autonomia e libertà anche di decidere come vivere e come lavorare.

Un conto è provare amore verso la tua famiglia, altro è sottostare e subire quanto i familiari ritengano tu debba fare, impedendoti di costruire la tua strada. Ogni persona ha il diritto di fare le sue scelte, avere idee diverse, percorrere il cammino che sente suo e tu devi fare lo stesso per te. Sei tu a doverci credere.

Ti racconto questa storia: quando frequentavo le scuole medie i miei genitori avevano avuto un'esperienza fallimentare con un negozio di abbigliamento. Otto lunghi anni di agonia per arrivare alla chiusura dello stesso. Quando ho detto che avrei intrapreso la strada del commercio e che avrei aperto una catena di negozi per poco non venne loro un infarto.

Hanno cercato di dissuadermi in tutti i modi. Stavano ovviamente, dal loro punto di vista e alla luce della loro esperienza di vita, cercando di proteggere amorevolmente il proprio figlio dai problemi che avevano incontrato. Problemi loro, non miei. Io ne incontrai di diversi, e li superai, portando la mia idea a diventare un'eccellenza made in Italy.

Accetta che gli altri abbiano idee diverse dalle tue. Quando ti concentri su ciò che è davvero importante per te, smetti di combattere le idee degli altri: all'improvviso le frasi che di solito riescono a innervosirti perdono potere. Accade quando inizi a dare veramente attenzione a te stesso e lasci che gli altri dicano o facciano ciò che preferiscono.

Concludo dicendoti, sii concentrato sul tuo progetto, non lasciarti distrarre, non lasciarti fermare, coinvolgi i tuoi parenti e le persone a te care e poi passa ai tuoi collaboratori e infine coinvolgi anche i fornitori, crea intorno a te l'ambiente ideale per prosperare e raggiungere l'eccellenza. Crea la tua personale storia che valga la pena vivere e raccontare!

In questi approfondimenti abbiamo visto:

n°7 Visione

La tua visione sarà il tuo driver, mantienila chiara e limpida e per il solo fatto che la immagini vividamente, essa già esiste.

n°8 Problema/Soluzione

Concentrati sulla soluzione del problema, solo ed esclusivamente su di essa! Ricorda che i risultati arriveranno lì dove tu investirai la tua energia mentale.

n°9 Coinvolgere

Cerca di coinvolgere tutte le persone che ti circondano così da creare l'ambiente ideale per prosperare e raggiungere l'eccellenza.

Capitolo 3:
Cresci tu per far crescere l'attività

Ho preso il via a frequentare corsi di formazione e, un po' come tutti gli imprenditori che vogliono avere successo, studio continuamente nuove strategie, mi avvicino a nuove idee e leggo, leggo tanti libri. Mi è presto chiaro che una delle sfide più importanti che devo affrontare è quella con me stesso.

Ho poco più che trent'anni, possiedo un'azienda di successo che va a gonfie vele, vivo bene e ho soldi in tasca, ma voglio crescere in maniera differente.

La mia mente mi dice che tutto sta andando bene e che non c'è nulla da cambiare ma io sento che devo invece modificare proprio quell'idea, quella convinzione. Devo rivedere il mio mind setting, cambiare il modo che ho di pensare all'imprenditoria e so che questa sarà una sfida impegnativa da affrontare (trovi l'approfondimento n°10 a fine capitolo).

Inizio a lavorare su me stesso, a studiare la comunicazione e a riflettere su come tratto i miei collaboratori, come mi pongo rispetto a loro, inizio a studiarmi, a riflettere su cosa penso, quali sono i processi mentali più frequenti, e trascorro i due anni successivi a confrontarmi con me stesso (trovi l'approfondimento n°11 a fine capitolo).

Ricordo ancora le lacrime di quel periodo, mai ne avevo versate così tante! Quanti pianti! Ogni volta che studio qualcosa, per esempio come comportarsi con gli altri e prendo coscienza delle conseguenze che il modo di agire con un dipendente produce, immediatamente vedo la mia vita e subito mi accorgo delle volte in cui sono caduto in quell'errore di comportamento ed entro in conflitto con me stesso. Mi scontro con la convinzione assoluta di essere bravo e capace e rendermi conto e quindi notificarmi che ho ampi margini di crescita, mi fa male.

A volte il mattino mentre leggo e rifletto su alcuni passaggi fondamentali percepisco chiara la necessità di dovermi confrontare con me stesso. Sono così in crisi, sto così male che quasi non trovo la forza di finire quelle letture e andare in ufficio a lavorare.

Ricordo una mattina di venti anni fa come fosse ieri. È primavera, sto leggendo il libro di Jack Canfield, *I principi del successo*, sdraiato sull'amaca appesa al balcone della camera da letto. Ho scelto quella posizione perché da lì si vede sorgere il sole ed è un momento della giornata che ritengo magico. È appena sorto il sole, e ho vissuto quel passaggio dalla notte al giorno stando immobile gustandomi il cambiamento quando... mi vengono in mente i miei dipendenti.

Inizio a percepire meglio quanto stanno dando alla mia azienda e cosa fanno per me, la loro energia in primis, ma anche il loro sapere, la loro fiducia e il loro tempo e... mi rendo conto di quanto poco stia facendo per loro.

Queste persone dedicano la maggior parte del loro tempo a far crescere la mia idea. Una forma splendida di fiducia riposta in me in quanto datore di lavoro e titolare di quel progetto/sogno, ma io sono in grado di ringraziarli, di farli sentire importanti e riconosciuti almeno per controbilanciare l'energia che loro mi offrono? La risposta: "non credo", quantomeno non in egual misura.

Questa consapevolezza mi fa male, mi sento completamente svuotato e devo tornare a riposare per recuperare energia. Disdico gli appuntamenti della mattinata e resto lì a metabolizzare quel passaggio interiore, quel salto di consapevolezza, perché è stato esattamente questo, un passaggio tra la non consapevolezza e la consapevolezza, e quindi comprendere che quelle persone erano lì per aiutarmi a dare concretezza alla mia visione e dovevo essere grato di questo.

Quella mattinata in cui ho cancellato tutti gli appuntamenti per restare a letto, devo ammettere, ho sudato parecchio, ma ora scrivendo queste righe me ne rendo conto e posso dirlo, è stato uno dei giorni più produttivi che ricordo.

Il processo di introspezione è agli inizi e ancora non so quello che oggi mi è ben chiaro e che i fatti della mia vita confermano, che posso vincere la sfida, che posso riuscire a resettare i miei pensieri e modelli di comportamento, le mie convinzioni e che posso farlo "facendolo" cioè applicando giorno per giorno, gradino dopo gradino le conoscenze acquisite.

Sono in mezzo al mio cambiamento e soffro, come è normale che sia, perché mi scontro con gli errori commessi e solo più tardi realizzo, passando attraverso all'accettazione della mia fallibilità, che gli esseri umani sono migliorabili sempre e che gli errori fanno parte di tutto il processo di crescita, che gli errori ci rafforzano quando li vediamo come tali e li correggiamo e che questo processo ci porta verso la strada del successo.

Ho iniziato così ad accettare me stesso e i miei errori e a capire come modificarmi al fine di creare l'azienda esattamente come la intendevo. E questo è il passaggio fondamentale che voglio lasciarti in questo capitolo, fondamentale. E che vale l'intero libro.

La tua azienda, come tutte, è uno specchio di come sei, come sei realmente dentro, sarà vincente se sei un vincente, sarà perdente se sei un perdente, sarà confusa se sei una persona confusa. Se non hai le idee chiare, la struttura all'interno della tua azienda, quindi il team che lavora con te, avrà un rapporto interpersonale che, nella maggioranza dei casi, rispecchierà il tuo modo di essere.

Qui viene il nocciolo di tutto: le tue aziende cresceranno in funzione di come tu sei in grado di far crescere te stesso, saranno in crescita in maniera direttamente proporzionale a quanto tu crescerai. È fondamentale che tu capisca questo ed è fondamentale che tu capisca che i processi di crescita tuoi sono il fondamento del tuo star bene con te stesso e nel mondo.

Perché il successo di secondo grado, cioè il successo nella famiglia, nell'impresa, nel business, avviene dopo il successo di primo grado ovvero il successo con te stesso (trovi l'approfondimento n°12 a fine capitolo). Questo è il passaggio che ho dovuto intraprendere, poco più che trentenne, per capire come arrivare a portare l'azienda a un secondo livello.

Gli APPROFONDIMENTI del capitolo 3

n°10 Mind setting e cambiamento

Cambiare i miei schemi mentali, il mio modo di vedere il business, per salire di livello, è stato il passaggio più importante che mi ha permesso di raggiungere il successo. Per questo motivo lo inserisco tra gli approfondimenti, al fine di aiutarti nel processo di cambiamento verso il tuo personale successo.

Devo dire che tutti abbiamo una parte di noi, molto profonda, che resiste al cambiamento, anzi diverse parti che oppongono resistenza. Una parte che si chiede perché dovrebbe cambiare, una parte che urla che cambiare è pericoloso perché ti porta verso l'ignoto e una parte che sostiene che cambiare sia faticoso ed è molto più semplice scegliere di restare uguali a se stessi. Tutti concordano su un punto, cambiare è fuori dalla propria area di comfort, eppure anche Eraclito nel 500 a.C. sosteneva che «nulla è permanente, tranne il cambiamento».

Il cambiamento è parte di noi, perché mentre leggi queste righe sei già una persona diversa, diversa fisicamente, in quanto numerose cellule del tuo corpo saranno morte e altrettante avranno preso il loro posto e diversa mentalmente, in quanto hai letto e appreso concetti che, anche se solo in parte nuovi, ti stanno modificando il modo di pensare. Infatti come dice Oliver Wendell Holms: «Una volta che la mente viene esposta a una nuova idea non ritornerà più alle sue dimensioni originali».

Ma torniamo al mind setting, perché è così importante settare la propria mente verso gli obiettivi che ci poniamo? Perché tutto è energia, inclusi i nostri pensieri, i quali se ben indirizzati ci aiutano a creare la realtà che ci circonda.

Il concetto stesso che il pensiero possa influire sul corso del destino di un uomo è stato affermato dagli uomini saggi di tutti i tempi. «Ricorda, attrai nella tua vita qualsiasi cosa a cui tu presti attenzione, energia e concentrazione, sia che tu lo voglia che tu non lo voglia». (Michael J. Losier)

Lo so che detto così è un po' ostico da digerire, ma ti basti pensare che quando immaginiamo qualcosa che non esiste, prima gli diamo vita nella nostra mente e solo successivamente lo vediamo nella realtà materiale, allo stesso modo quando da ragazzo immaginai i miei Vitamin Store, non esistevano e solo dopo anni di lavoro e sacrificio vidi realizzata la catena che avevo così chiara in mente.

Se nessuno ti ha mai stimolato ad associare le due parole Imprenditore e Libero, se non possiedi l'idea di un'impresa di successo che conviva con la creazione di abbondante tempo libero per te, allora non potrai mai realizzarla, perché di una cosa sono certo, non vedrai mai realizzato qualcosa che non sei in grado di immaginare.

Allo stesso modo se desideri aumentare le tue entrate finanziarie, ma mentalmente sei settato sulla tua attuale soglia, quella che in gergo si chiama temperatura finanziaria, non potrai operare alcun cambiamento importante, per il semplice motivo che non lo contieni.

Per questo insisto sul mind setting e sul cambiamento dei tuoi pensieri, quelli che hai ti hanno portato dove sei oggi, ovunque tu sia, e se vorrai andare in un altro posto e salire di livello, beh sarà necessario modificarli!

A tal proposito mi permetto di consigliarti due libri, il primo di Napoleon Hill, *Pensa e arricchisci te stesso*, il secondo di Harv Eker, *I segreti della mente milionaria, pensare da ricchi per diventare ricchi.*

Come avrai notato, entrambi i titoli o sottotitoli, contengono la parola pensa o pensare, ed è proprio questo il punto, entrambi i libri ti aiutano a modificare e ampliare il tuo modo di pensare al business e alla ricchezza, perché è dalla tua mente che parte il tuo successo.

A tutto questo aggiungo che, se desideri imparare a creare i tuoi obiettivi con uno schema chiaro e preciso, l'audio *Come raggiungere nuovi obiettivi nella tua vita* fa al caso tuo. Dodici tracce facili da seguire e comode da ascoltare dove vuoi, lo puoi acquistare su www.metodoimprenditorelibero.com

n°11 Introspezione e confronto con me stesso

L'introspezione è anche uno strumento utile, l'ho classificato come tale, ma di sicuro è anche uno dei più complessi da affrontare.

In primis perché è un atto del pensiero che consiste nell'osservazione e analisi diretta della propria interiorità, rappresentata da sentimenti, desideri e prodotti del pensiero stesso. In secondo luogo perché il soggetto, riflettendo sulle sue esperienze, assume sé medesimo a oggetto di studio.

Quindi sei tu che parli con te stesso, ti confronti e ti chiarisci, pensa che confusione. Ma scherzi a parte, cercare di confrontarmi con i miei modi di relazionarmi con le altre persone, al fine di capire se fossero vincenti e se ne esistevano di migliori per fare la stessa cosa, mi dava modo di analizzare me stesso, capire gli errori commessi e cercare di metabolizzarli al fine di non ricaderci.

Come ho scritto, era dura. Alle volte ero proprio costretto a fermarmi per riprendere fiato. Chissà come mai pensiamo sempre di agire nel modo giusto e di aver ragione, ma quando ci soffermiamo ad analizzare i comportamenti, troviamo ampi margini di crescita.

A tal proposito ho trovato molto utile usare alcuni libri come guida e verificare di volta in volta se quel singolo comportamento descritto corrispondeva al mio modo di agire. L'introspezione è complessa perché tu sei contemporaneamente sia il mentore che l'allievo ed è per questo che usavo alcuni libri dediti all'eccellenza come riferimento comportamentale. Ti elenco alcuni testi che potrebbero aiutarti in questo complesso lavoro, ovviamente hanno una connotazione aziendale, visto l'ambito in cui verrebbero usati.

Iniziamo da un classico, *Le 7 regole per avere successo* di Stephen R. Covey, a seguire Brian Tracy con *Motivazione, I principi del successo* di Jack Canfield e Jack Welch con *Vincere*. Comunque vada a finire il confronto con te stesso, sarà sicuramente un successo, perché il fatto stesso che tu abbia il coraggio e la voglia di metterti in gioco, fa di te una persona vincente!

n°12 Successo di primo e secondo grado
Nella scuola di formazione che avevo creato nel 1999, per i miei collaboratori e dipendenti, ho insegnato per più di un decennio la formula che realmente ha modificato il mio modo di approcciare

il business, l'avevo chiamata "inside-out" e te la riporto perché potrebbe essere la vera svolta, quella che ti fornisce lo stimolo a continuare a crescere.

La formula è la seguente: la crescita di primo livello, ovvero quella personale, precede la crescita di secondo livello, ovvero quella sociale. Cresco io per far crescere il mio business. La leadership su noi stessi è il fondamento del successo. Dobbiamo guidare noi stessi, prima di riuscire a guidare gli altri.

Questo concetto porta in sé un sacco di implicazioni. Per esempio è inutile pensare di insegnare agli altri la disciplina, se noi per primi siamo indisciplinati, non possiamo passare ai collaboratori il concetto di obiettivo, se noi non lo conteniamo e così via. La crescita di primo livello, ovvero la nostra interna, precede sempre quella di secondo livello, ovvero quella esterna. Detto in altre parole, devi diventare una persona migliore se vuoi migliorare il tuo business.

La bella notizia è che ora che lo sai hai una strada da percorrere, quella meno bella è che sarai tu a doverla percorrere. Non puoi ingaggiare qualcun altro perché faccia quelle flessioni per te, lo ha scritto il filosofo motivazionale Jim Rohn. Le devi fare da solo, se vuoi trarne vantaggio. Che tu percorra la via di crescita del fisico facendo palestra, flessioni, stretching e corsa, o la via di crescita della mente, meditando, leggendo, creando alleanze di cervelli, ponendoti nuovi obiettivi, ripetendo mantra e visualizzando il tuo successo, dovrai comunque essere sempre tu a farlo. Sarà uno sforzo, ma le ricompense che ti attendono ti ripagheranno di tutto.

In primo luogo impara a rinunciare a tutte le scuse, nessuna esclusa. Il 99% degli insuccessi proviene da persone che hanno l'abitudine di trovare scuse. Inoltre aggiungo che chi diventa molto bravo a trovare scuse, generalmente, è incapace di fare altro. Sì, perché se le tue energie vanno nella direzione delle scuse, e come abbiamo visto precedentemente le energie mentali sono limitate, non te ne resteranno molte per trovare soluzioni.

Se vuoi creare la vita che sogni, allora devi prenderti il 100% della responsabilità della tua vita. Rinuncia a tutte le storie di vittimismo, a tutte le ragioni per le quali non puoi fare certe cose che non hai affrontato fin ora e annulla la propensione a incolpare le circostanze esterne a te. Hai tu il potere nelle tue mani per cambiare la situazione e produrre il risultato desiderato.

Il dottor Robert Resnick di Los Angeles, ha creato la formula per eccellenza, semplice e diretta: Avvenimento + Risposta = Esito. Il concetto è semplice, ogni esito che sperimenti nella tua vita, che sia il successo o l'insuccesso, la salute o la malattia, la ricchezza o la povertà, la gioia o la frustrazione, è il risultato del modo in cui hai risposto ad un avvenimento o più avvenimenti, nella tua vita.

Quindi se alcuni dei risultati fino ad oggi ottenuti, in qualsiasi ambito, non ti piacciono e intendi cambiarli, puoi incolpare l'avvenimento stesso, ma con scarsi risultati sul futuro, oppure pensare di cambiare le tue risposte. Per far questo devi lavorare su di te, cambiare il modo in cui ti parli, cambiare le immagini che proietti nella tua mente, tutto deve essere allineato ai tuoi valori e ai tuoi obiettivi. Cresci prima tu per vedere crescere i tuoi rapporti esterni. Questa è la formula per il successo!

Aggiungo come chicca finale che la leadership non può essere esercitata solo sul lavoro. Noi non possiamo limitare quello che siamo a un singolo ambito della vita, ma dobbiamo integrare quell'atteggiamento e quella mentalità in noi stessi.

I leader sono quelle persone che fanno le cose che i mediocri non vogliono fare, nonostante anche a loro potrebbe non piacere di doverle fare. Posseggono la disciplina necessaria per fare ciò che sanno essere importante e giusto, rispetto a ciò che è facile e divertente. Pertanto ti lascio facendoti l'augurio più bello, che tu possa divenire quello straordinario leader che puoi essere nel lavoro e nella vita.

In questi approfondimenti abbiamo visto:

n°10 Mind setting e cambiamento
Non vedrai mai realizzato qualcosa che non sei in grado di immaginare.

n°11 Introspezione e confronto con me stesso
Mi da modo di analizzare me stesso, capire gli errori commessi e cercare di metabolizzarli al fine di non ricaderci.

n°12 Successo di primo e secondo grado
La crescita di primo livello, ovvero quella personale, precede la crescita di secondo livello, ovvero quella sociale.

Capitolo 4:
Apri la tua mente a nuove strategie

Studio e studiando i libri delle persone di successo, le abitudini delle persone di successo, testi tecnici e non, alzandomi presto la mattina, inizio ben presto a resettare la mia mente perché il segreto che voglio passarti con queste pagine è che tutto dipende dalla tua mente.

Sto quindi dando nuova linfa vitale e rigenerando la mia mente affinché inizi a fare pensieri differenti. Uso quello che si chiama il pensiero laterale per sviluppare nuove idee e infatti di lì a poco decido di fare entrare uno o due soci di capitale nella mia azienda, cosa che non avrei mai pensato neppure lontanamente prima. Figurati, era una mia creatura e come tutti gli imprenditori piccolini la vedevo come tale, vedevo un figlio da proteggere, e ne ero molto geloso.

Invece no, capisco che per crescere devo aprirmi ad altre persone,

persone più forti di me, più grandi di me, più grandi di età, e con capitale e potenziale superiori al mio. Entrano in società due persone che mi aprono nuove porte finanziarie, perché quando depositano le loro firme nelle banche, il loro potere economico differente dal mio, mi consente di ottenere fidi strutturati maggiori e con nuove risorse finanziare inizio a produrre altre linee di integratori.

I nuovi capitali mi permettono di dare il via immediatamente a quella che si sarebbe rivelata come la miglior strategia di penetrazione del mercato, una seconda linea di integratori, che prende il nome Vitamin Store.

Inizio perciò a vendere prodotti al pubblico che richiamano il brand dei negozi, un'intera linea di prodotti con lo stesso nome che aumenta la visibilità sul mercato e ne migliora la percezione, sì perché un conto è avere il nome solo sull'insegna del punto vendita e un altro avere lo stesso nome coordinato anche su barattoli e barattolini, che entrano giornalmente in contatto con il campo visivo dei clienti.

Continuo anche ad ampliare la mia prima linea, quella che mi ha lanciato verso l'eccellenza e che si chiama Progetto Nutrizione. E non mi fermo, dopo la seconda, ho l'intuizione che una specializzazione ulteriore e una migliore profondità di gamma mi possono aiutare a suggellare la posizione acquisita di leader di mercato e riferimento per gli sportivi.

Metto così in cantiere la terza linea, quella professionale, quella senza compromessi che prende il nome di Vitamin Store Hardcore. Mettiamo in essa il nostro sapere, ogni prodotto è formulato con l'ausilio di tutti i nostri tecnici contemporaneamente, la linea è sviluppata con la miglior tecnologia possibile. Con questa raggiungiamo l'apice e quando mi convinco che siamo arrivati alla giusta frammentazione dell'offerta, ecco che ancora mi apro al cambiamento.

Mi accorgo che una parte del mercato chiede qualcosa, vuole prodotti americani. Le persone sono ovviamente influenzate dalla pubblicità dei prodotti made in Usa che riviste di settore propongono. Ma sono anche sollecitate dalle interviste di atleti americani famosi che, sponsorizzati, pubblicizzano questo o quel prodotto e creano le varie "mode".

So bene che noi italiani in quanto a tecnologia nella supplementazione e qualità nelle materie prime, non abbiamo nulla da invidiare ai concorrenti di oltre oceano, ma capisco altresì che la strada per l'indottrinamento dei clienti è lunga e richiede tempo. Il rischio che corro, se mi barrico dietro l'ideologia del solo made in Italy, è di perdere quella parte, se pur minima, di clienti esterofili. E quindi cosa faccio? Prendo un aereo vado a New York, trovo un'azienda adeguata e inizio a produrre la linea Vitamin Store Made in USA.

Alla linea di altissima qualità, la Progetto Nutrizione, si affiancano quindi una linea di buona qualità, la Vitamin Store, più economica, poi una linea super tecnica, molto costosa, la Vitamin Store Hard Core, e infine la Vitamin Store Made in USA. In questo modo i clienti, tutti, anche chi chiedeva prodotti americani, comprava prodotti Vitamin Store.

Continuo a posizionare il brand Vitamin Store come riferimento assoluto per coloro che desiderano migliorarsi, e riusciamo così piano piano a conquistare anche un mercato differente da quello sportivo, il mercato della persona comune che chiede certamente prodotti validi, ma soprattutto la consulenza di un esperto Vitamin Store per stare bene.

Creo la quinta linea, la Neothon Lab, prodotti di grandissimo successo, perché formulati per migliorare lo stato di benessere psicofisico delle persone attive, ma non necessariamente sportive. Anche questa linea quindi nasce con una chiara e ben definita collocazione sul mercato, i prodotti contengono tutti i principi attivi richiesti per soddisfare le esigenze più comuni, per chi deve concentrarsi, per chi richiede più lucidità mentale, per chi deve superare il cambio di stagione e così via. Sempre nella filosofia Vitamin Store ovvero il massimo che si possa fare nell'integrazione alimentare compatibilmente alle regole imposte dalle legislazioni in materia.

Ci troviamo quindi con ben cinque differenti linee di prodotto e tre brand: Progetto Nutrizione, Vitamin Store e Neothon Lab, creati tutti con precise connotazioni e posizionamento sul mercato. Abbiamo trasformato le esigenze dei nostri nuovi clienti in prodotti professionali, energetici mentali, energetici per il corpo, multivitaminici, rinforzanti, ma tutti quanti legati con un comun denominatore: sono assolutamente professionali. In questo modo rispondiamo a tutte le richieste del mercato sia sportivo che delle persone attive.

E tutto questo grazie al mio nuovo mind setting, che mi ha permesso di comprendere quanto fosse importante far entrare in società nuove persone, le quali hanno consentito di avere la disponibilità necessaria per far fronte a questi ampliamenti di gamma.

Con il precorso di crescita su me stesso, che ho intrapreso, riesco a far espandere la mia mente a livelli che prima credevo non raggiungibili, le idee crescono e mentre mi si propongono le applico, rendendole concrete nella realtà.

Ma non è finita. Nei due anni successivi mi accorgo che nonostante l'ampia offerta, sempre nuove aziende da tutto il mondo arrivavano sul mercato italiano con prodotti eccellenti o magari con prodotti che in quel momento sono di moda. Bastano due o tre articoli scritti dalle riviste del settore e avallati da qualche idolo dello sport oltre oceano che un prodotto prima sconosciuto finisce sotto i riflettori.

Individuo la sfida e comprendo che i miei negozi, orientati al made in Italy, hanno un potenziale interessante che però non può esprimersi al massimo, poiché la quantità di articoli offerti in questo momento non lo permette. Capisco che nel medio periodo potrei perdere quella fetta di clienti che seguono le mode del momento. È una potenziale crisi e come tale, prima la affronto e poi la metabolizzo e ben presto comprendo come in essa ci sia effettivamente l'opportunità da cogliere (trovi l'approfondimento n°13 a fine capitolo).

Mi si delinea chiaro nella mente un sistema che si dimostrerà essere una delle mosse vincenti del decennio successivo. Creo quello che chiamo Servizio Globale. Prendo contatto con tutte le aziende del settore che identifico, in quel momento, assolutamente interessanti perché hanno prodotti complementari ai miei o di moda. L'idea è quella di allargare l'offerta della gamma, ma anche di andare in profondità con articoli che permettano ai miei negozi di avere tutti i formati, le marche e i gusti esistenti.

Ingrandisco il magazzino, spostandolo in uno di dimensioni maggiori che possa gestire la quantità di articoli in arrivo. Metto nel Servizio Globale marche provenienti da tutto il mondo e fornisco ai negozi un software che consente, in un sol colpo, di comprare oltre alle linee di nostra proprietà anche tutto il resto con il considerevole vantaggio determinato dal fatto che possono acquistare solo le quantità e i prodotti utili nel loro punto vendita, senza doversi far carico dei costi di magazzino.

Il servizio ai Vitamin Store è migliorato in maniera esponenziale e anche il cliente finale ne gode, perché ha il servizio dei nostri tecnici a disposizione con la scelta di una gamma di prodotti che più completa non si può.

Ma non basta, sento che manca ancora qualcosa, c'è un rischio latente che la mia mente mi sta facendo intuire, devo ancora metterlo a fuoco bene, ma di lì a poco capisco. Questo Servizio Globale ha un costo molto elevato e se in parte viene ripagato dalle maggiori vendite, c'è comunque il rischio che per mantenere quello standard negli anni futuri l'impegno possa essere gravoso.

E allora? Sempre utilizzando le strategie mentali, perché ho spinto la mia mente a crescere e sviluppare nuove idee e nuovi pensieri, capisco che posso provare a invertire un paradigma, trasformare quelli che fino a quel momento sono dei meri concorrenti in veri e propri collaboratori.

È vero che i miei concorrenti, con il Servizio Globale, stanno collaborando fornendomi i prodotti, ma li compro come chiunque altro, sono solo un buyer più grande. Un cliente che, viste le quantità, ottiene un prezzo d'acquisto differente, è vero, ma pur sempre un cliente come altri. Inoltre c'è una sorta di diffidenza velata che regge i nostri rapporti, se ci pensi io sono un concorrente che produce i prodotti e li vendo sul mercato, in una mia catena specializzata, ma mi rivolgo agli stessi loro clienti.

Nella mia testa invece voglio che i miei concorrenti diventino collaboratori. Mi metto a riflettere e non mi fermo davanti alla sfida di ottenere qualcosa che va contro il normale senso di business. Per me nulla è impossibile, devo solo chiarirlo nella mia mente e poi seguire l'idea fino a vederla realizzata!

Invento allora uno strumento di distribuzione del mio messaggio. Si chiama *La Guida*. È un vero e proprio libricino che contiene tantissime informazioni sul mondo del benessere. Queste informazioni spaziano, ti spiegano come mangiare, come allenarti, quali sono le supplementazioni migliori, danno gli abbinamenti sugli integratori e lo sport da seguire.

All'interno è presente anche tutto il catalogo dei prodotti a disposizione nei punti vendita Vitamin Store, il tutto descritto per filo e per segno, con fotografie, prezzi, campagne pubblicitarie. È un vero manuale/libro/catalogo del benessere di oltre 100 pagine, regalato all'interno e anche all'esterno dei nostri punti vendita.

Impiego un anno a realizzare la prima versione, mettendo a dura prova il nostro grafico e i tecnici che devono scrivere una quantità di testi esorbitante. Con il prodotto finito e la strategia ben chiara in mente, vado da tutti i miei concorrenti e dico: «Con la mia catena non solo sono in grado di distribuire i tuoi prodotti, ma da oggi posso anche pubblicizzarli grazie alla *Guida*, che ha una tiratura che supera le cento mila copie al semestre (trovi l'approfondimento n°14 a fine capitolo).

Essendo tutte copie consegnate a clienti o potenziali clienti dei negozi, sono a target perfetto e quindi ottengono un risultato pubblicitario/informativo di grande impatto. Dovrai pagare un contributo a copia per tutte le pagine sulle quali compaiono i tuoi prodotti e le pagine dedicate a tue campagne pubblicitarie, che vuoi inserire all'interno della *Guida* stessa. In questo modo tu diventi mio partner, insieme a me fai campagne pubblicitarie e questo ti garantisce la presenza all'interno dei negozi».

Impiego sei mesi ma convinco tutti i miei competitors a fare pubblicità sul mio strumento di comunicazione e la cosa bella è che avrebbero pagato me per realizzarlo. E nel tempo, *La Guida* diventa uno strumento eccezionale, di altissimo livello, completamente pagato dai miei partner.

Un'intuizione questa che cambia completamente le regole del gioco perché ora ho uno strumento vincente in mano, uno strumento che, più capillarmente distribuisco, più rafforza il mio marchio. Pensa, era completamente brandizzato Vitamin Store e più della metà delle pagine contenevano prodotti realizzati da noi con i nostri brand e veniva interamente pagato dalle aziende concorrenti sullo stesso mercato. Pagato, guarda un po', dai miei concorrenti! Ma non è tutto.

Nell'anno successivo penso e ripenso a un'altra strategia, per far sì che questi partner siano sempre più collaborativi con la mia struttura, consentendomi di diventare sempre più importante attraverso una comunicazione integrata del marchio Vitamin Store. La mia domanda è sempre la stessa, me la pongo tutti i giorni. Come posso strutturare una strategia affinché il mio marchio penetri meglio il mercato, sia presente ovunque?

Sono presente in quasi ogni città d'Italia, distribuisco la rivista *La Guida* in tutta la penisola, sono presente sulle riviste specializzate del settore, di palestra, bodybuilding, fitness, ma riviste sportive ce ne sono tantissime in questo momento storico (ricorda che siamo ai primi anni del 2000 e a differenza di oggi, i messaggi passavano ancora sul cartaceo, quindi le riviste ricoprivano un ruolo da protagonista nel diffondere uno sport) ed è impensabile che io possa essere presente in tutte, con la pubblicità del livello necessario a raggiungere tutti i lettori. Un budget infinito non l'ha nessuna azienda e quindi la domanda che mi faccio è, come posso, attraverso i miei partner, coprire tutti i settori sportivi?

Ebbene, sempre una mattina, molto presto, sto facendo una piccola ipnosi guidata per rilassarmi e ripensare alle letture di quei giorni, sto infatti leggendo un libro interessante riguardante i processi mentali e alcune idee geniali di persone del passato (trovi un lungo approfondimento il n°15).

Il libro racconta del fondatore della General Electric e del fondatore della Ford. Ebbene, nel ripensare alle loro idee geniali, la mia mente si apre e mi fa un nuovo regalo. Questa volta l'idea mi porta a un nuovo livello di visibilità che mai avrei pensato di poter raggiungere. La scrivo, la rileggo e mi convinco che può funzionare. Voglio chiedere a tutti i miei partner, ex concorrenti, di inserire il logo Vitamin Store sulle pubblicità che faranno da lì in futuro, di tutti i loro prodotti venduti nei miei negozi.
Qualsiasi pubblicità avessero fatto in futuro, su qualsiasi rivista,

sportiva o di benessere, l'inserzione avrebbe visto il mio logo comparire con la scritta «Il prodotto è distribuito anche nella catena Vitamin Store». La chiarezza di intenti mi aiuta a rispondere in modo esaustivo a tutte le domande e a controbattere a tutte le obiezioni, ovviamente devo faticare, soprattutto con i primi interlocutori, ma porto a casa il risultato.

Convinco tutti della bontà dell'operazione, la dimensione del logo è standardizzata e invio il materiale a tutte le società. Tempo un anno, con debite insistenze e comunicazioni, faccio passare il messaggio e da lì in poi nelle pubblicità sulle riviste che i miei partner/concorrenti realizzano, compare il logo Vitamin Store e cosa accade?

Accade una cosa incredibile. Tutte le persone che si avvicinano alla mia azienda, e sono un numero sempre maggiore, per aprire il loro punto vendita a marchio Vitamin Store, ci dicono che noi facciamo pubblicità sulla rivista del loro settore.

Il marchio Vitamin Store è così presente ovunque e così riconosciuto che nonostante quei prodotti siano di altre aziende, abbiano un'etichetta con un altro marchio, vengono associate a noi. Questa presenza incisiva del nostro logo, vista la quantità delle diverse aziende che distribuiamo e vendiamo porta a credere che quelle campagne pubblicitarie siano nostre.

Dal 2007 fino al 2012, tutto il mercato, in ogni segmento sportivo, trova il marchio Vitamin Store ripetuto quattro, cinque, fino a dieci volte e in alcuni casi venti volte, sulle riviste. Ne traiamo un vantaggio immenso e tutti pensano che noi siamo i proprietari di quei prodotti e di quelle campagne pubblicitarie, cosa non vera e anche scritta. Sono semplicemente i nostri partners che con i loro soldi e i loro budget pubblicizzano i loro prodotti inserendo anche il nostro marchio.

Il nostro marchio ha preso il sopravvento comunicativo, è così riconosciuto che si evidenzia e le persone credono siamo noi a pubblicizzare quei prodotti. Cosa voglio dirti? Che è necessario utilizzare la mente per sviluppare nuove strategie e spingersi dove le persone ancora non sono arrivate perché tutte le strategie che ti ho spiegato in questo paragrafo, sono strategie inventate da zero, da noi, negli anni Novanta ma sono, ti posso assicurare, applicabili ancora oggi in tantissimi settori.

Sono strategie che puoi tranquillamente ancora utilizzare, oppure puoi fare tuo il processo, cioè fermarti e sviluppare nuove idee che ti permetteranno di lanciare la tua azienda verso nuovi orizzonti e perché no, utilizzare quelli che fino a poco tempo prima erano dei competitor come partner. Questa è stata la vera svolta della nostra azienda. Tutto il mercato, tutti i competitor facevano a gara per entrare nella nostra distribuzione e mettere il nostro logo sulle loro pubblicità. Un momento magico!

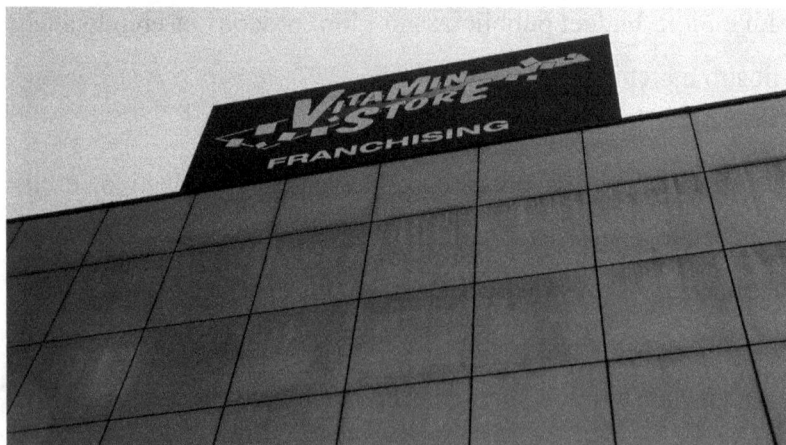

La nuova sede acquistata nel 2000

Gli APPROFONDIMENTI del capitolo 4

n°13 Crisi

Devo ammettere che l'idea di poter andare incontro a una crisi mi ha sempre un po' spaventato, credo che sia un timore ancestrale contro il quale possiamo fare poco. Hai voglia a leggere che dentro ogni crisi c'è un'opportunità! La verità è che l'opportunità deve essere individuata!

Quello che ho scoperto sulla mia pelle, è che i veri salti in avanti li ho fatti proprio quando sono uscito da una crisi vera o potenziale. Le crescite personali che ho vissuto in quei momenti di difficoltà mi hanno forgiato e permesso di divenire una persona più resistente direi persino resiliente. Oggi mi sento in grado di far fronte a eventi inaspettati in modo positivo, di agire di fronte alle difficoltà restando sensibile alle opportunità che posso cogliere.

Se riuscirai a far tuoi gli insegnamenti della fase 2, che chiamo "segreti", se inizierai o potenzierai la tua strada verso l'eccellenza e la tua crescita come imprenditore, business-man e persona libera, sono certo, oltre ogni ragionevole dubbio, che diverrai capace di fronteggiare qualsiasi circostanza avversa, contro ogni previsione, con slancio sempre nuovo e in grado di raggiungere obiettivi importanti.

Un valido aiuto me lo ha fornito il nuovo mind setting che stavo apportando in me. Riuscire ad alzarmi presto, per creare la mia routine vincente del mattino, ha effettivamente cambiato l'energia e il potenziale della mia mente. Infatti come ho già avuto modo di dire, è spesso quello del mattino il momento in cui le risposte alle mie domande arrivano con più energia e allora mi fermo e le scrivo prima che scappino nuovamente.

Credo che senza questa routine potenziante difficilmente avrei trovato le soluzioni geniali che mi hanno permesso di passare allo step successivo. Durante il giorno siamo sommersi da troppi stimoli e informazioni, perché il nostro cervello riesca, anche lontanamente, a rilassarsi per essere produttivo. Nel silenzio e nella quiete del mattino avvengono invece cose incredibili.

Breve inciso sulla parola "crisi". Dal 2008 è molto probabile che la parola più inflazionata sia stata "crisi", carica di connotazioni negative che ci ricordano la difficile situazione che avevamo e tutt'oggi abbiamo davanti. Per lottare contro tale negativismo, negli ultimi anni si è diffuso esponenzialmente il concetto positivo che crisi, sia la combinazione di "pericolo" e di "opportunità" secondo i caratteri cinesi corrispondenti.

Sono stati numerosi i formatori e motivatori che hanno utilizzato questo esempio ne è pieno il web. Ma come immagino ormai avrai capito, non amo seguire la massa, mi piace prendere le informazioni dalle fonti e trovare la mia verità, quindi resterai stupito nello scoprire che l'affermazione più in voga dell'ultimo decennio è, in realtà, frutto di una traduzione errata.

Il carattere "crisi" in cinese non include alcuna opportunità e ha pertanto un'asserzione negativa esattamente come in italiano, francese, inglese, spagnolo, tedesco e probabilmente in quasi tutte le altre lingua. Infatti, il carattere cinese "crisi" (wēijī) è composto da due sillabe scritte ognuna con un carattere diverso, wēi (危) e jī (機/机).

危機

wēijī (cinese tradizionale)

危机

wēijī (cinese semplificato)

La sillaba jī di wēijī non significa affatto opportunità, ma momento cruciale, ossia "quando comincia o cambia qualcosa".

Va aggiunto che, se si combina la sillaba jī con altri caratteri, questa può acquisire centinaia di significati secondari, ma solo quando è parte di termini multi sillabici. Effettivamente, se si aggiunge questa sillaba a huì (occasione) otteniamo la parola cinese jīhuì, che allora, sì, significa opportunità. Tuttavia, non si può dire lo stesso della sillaba jī da sola o combinata con wēi (di wēijī, "crisi").

Se ti interessa sappi che la fonte delle considerazioni qui sopra esposte è un articolo scritto da Victor H. Mair, autorevole esperto della lingua cinese. Ma se ci sei rimasto male e desideri un'asserzione positiva per la parola crisi, allora forse dovresti continuare a leggere. Anche se vuoi sfoggiare con amici e parenti una cultura precisa, che ti elevi come l'uomo della semantica lessicale, allora la parte finale fa per te.

Continuando a cercare ho scoperto che nella lingua giapponese i due ideogrammi chiamati kanji, 危機, sono traducibili in italiano con le due parole pericolo + opportunità.

Credo che l'errore generale sia stato nel confondere la lingua giapponese con quella cinese. Anche in giapponese infatti, la parola /kiki/ 危機 esiste e vuol dire crisi, situazione di pericolo. Il primo kanji 危 vuol dire pericolo, per il kanji 機, da solo, ha l'accezione di opportunità, occasione.

Dunque, riassumendo, la combinazione dei due caratteri significa situazione di pericolo sia in cinese che in giapponese, ma il kanji 機 in giapponese vuol dire opportunità. Vi è l'errata convinzione che crisi = pericolo + opportunità derivi dal cinese, invece si riferisce al giapponese. La parola "crisi" in giapponese (危機=kiki) ha i kanji 危 = pericolo e 機 = opportunità.

Svelato l'errore di base, una comprensibile confusione tra due lingue, occorre riflettere su come un'informazione imprecisa, per non dire sbagliata, sia divenuta l'affermazione più utilizzata dell'ultimo decennio. Usata da persone che si arrogano il diritto di insegnare, senza aver dedicato tempo alla comprensione di ciò che insegnano. E come questo esempio ne potremmo trovare a decine in ogni settore.

Se vuoi essere vincente devi stare il più lontano possibile dalle banalità e dai luoghi comuni, questo è ciò che ho imparato in questi venticinque anni di imprenditoria. Implementa in te la capacità di analisi e di approfondire un argomento, fai che diventi il tuo modo di operare abituale, scoprirai un mondo di verità che ti aiuteranno a creare il tuo personale futuro. Lascia alle altre persone le ripetizioni e l'uso delle banalità, così facendo non otterranno che risultati banali, per te c'è in serbo qualcosa di speciale!

n°14 Strategia

Può sembrarti semplicistico se ti dico che avviare con successo una tua attività richiede una strategia chiara. Eppure un numero sorprendente di persone si trova pur con l'attività già avviata a non avere la strategia pienamente sviluppata. Alcune di loro lottano e riescono a ottenere successo, mentre un gran numero fallisce prima dei tre anni. Questo è il primo dei problemi che individuo.

Il secondo frequente problema, riguarda i proprietari già esperti di business, che hanno magari da poco aperto una nuova attività, presumendo che molti dei fattori di successo siano identici all'esperienza passata. Il problema non è che non abbiano nessuna strategia, ma è piuttosto che la strategia non è attualizzata e personalizzata per il progetto specifico.

Sai quanto sia facile cadere nell'errore di credere che, poiché dieci anni fa hai portato al successo il tuo primo business, allora le tecniche e strategie siano riapplicabili oggi con lo stesso risultato? È un errore che ho personalmente compiuto più volte e ti posso assicurare che, ogni volta, sono andato a sbattere contro un muro che mi ha riportato alla realtà.

Ma partiamo dall'inizio. Cosa si intende per strategia? È la descrizione, meglio se minuziosa, di un piano d'azione a lungo termine, usato per impostare e coordinare le azioni tese a raggiungere l'obiettivo che ci siamo prefissati.

La strategia nell'impresa serve quindi al raggiungimento dell'obiettivo e deve essere chiara e anche dettagliata, poiché le scelte lungo il percorso non sono univoche e il risultato che determinano è spesso incerto. Pertanto più è chiara la strategia, meglio farai le tue scelte, quando si renderanno necessarie.

Come un generale che si appresta alla battaglia, dovrai avere tutte le opzioni sul tavolo, averle analizzate tutte ed essere pronto a prendere la migliore decisione per il tuo esercito, non per nulla la parola strategia deriva dal termine greco στρατηγός (strateghós), ossia generale.

Nel mio caso posso dirti che, quando ho una strategia precisa e ben delineata, con l'obiettivo chiaro in testa, la mia capacità di trascinare nel vortice le persone che incontro è ed è sempre stata inarrestabile. Avendo focalizzato un obbiettivo sono in grado di rispondere, in egual misura, a una domanda o un attacco, in modo costruttivo. Se ho tutto chiaro porto a casa il risultato.

Vorrei che su quest'ultima affermazione, e sul segreto nel suo complesso, ci riflettessi bene, perché se sarai in grado di assimilarlo e integrarlo nel tuo comportamento abituale, i tuoi risultati punteranno verso le stelle, parola di lupetto!

n°15 Mattina presto

Caro amico, prima di tuffarti in questo segreto, è necessario fare un patto: hai davanti a te due opzioni, che sono quelle tipiche dell'atteggiamento primordiale dell'uomo, io non ti dirò quale scegliere, sarà una tua libera decisione. Ti basti sapere che leggere e comprendere questo segreto ti metterà di fronte a sacrifici importanti che stimoleranno in te una reazione.

Tale reazione primitiva a una situazione di pericolo è quella che in inglese viene definita il fight-or-flight, ossia combatti o fuggi. Di fronte al pericolo la fisiologia del nostro corpo ci prepara ad affrontare molto rapidamente la situazione nelle uniche due soluzioni possibili.

L'amigdala agisce sull'ipotalamo che a sua volta agisce sull'ipofisi innescando una serie di reazioni che portano il corpo a produrre degli ormoni che ci preparano per l'azione, come ad esempio l'adrenalina e il cortisolo, che vengono rilasciati nel flusso sanguigno e fanno aumentare il tono muscolare per preparare il corpo all'azione fisica.

Sei quindi ancora in tempo, puoi scegliere se buttarti a capofitto in questo segreto, con tutti i sacrifici che la cosa comporta o scappare a gambe levate come di fronte a un leone ruggente! Ok, stai ancora leggendo... allora se siamo ancora insieme devo dedurre che tu sia un combattente, quindi... buttiamoci nella mischia.

La mattina presto è per me, un momento magico, i miei ritmi biologici mi permettono di essere produttivo come in nessun altro momento della giornata. È il momento in cui registro un miglioramento della capacità intellettiva.

Ma andiamo per ordine, partiamo dal ritmo circadiano. In cronobiologia e in cronopsicologia, è il ritmo caratterizzato da un periodo di circa 24 ore. Il termine "circadiano", coniato da Franz Halberg, viene dal latino circa diem e significa appunto "intorno al giorno". Recentemente sono ascesi agli onori della cronaca i tre studiosi premiati con il Nobel, Hall, Rosbash e Young per il lavoro sulle variazioni che avvengono in corrispondenza dell'alternarsi di luce e buio.

Secondo gli scienziati, alcune caratteristiche endogene, da loro studiate, combinate con alcuni geni, dimostrano che siamo geneticamente impostati con un certo ritmo. Per esempio nelle prime ore del mattino viene rilasciato l'ormone cortisolo, che ci attiva per la giornata, mentre nelle prime ore del sonno c'è maggior produzione dell'ormone della crescita (Gh). Ciò significa che siamo geneticamente portati a essere produttivi la mattina e pronti per rigenerarci la sera con l'arrivo del buio.

Esattamente l'opposto allo stile di vita, che la nostra società consumistica ci spinge a vivere. Pensa cosa accadrebbe se ci alzassimo prima dell'alba, per coricarci alla sera col primo buio, in tutti i mesi autunnali e invernali. Nessuno guarderebbe più la televisione, addio ai programmi e a tutti gli spot in essi contenuti (a questo concetto mi aggancerò anche più avanti quando parleremo di rilassamento guidato con il metodo di nostra proprietà Relax 5.1 che puoi trovare su www.metodoimprenditorelibero.com).

Ma alzarsi al mattino presto è, nella nostra testa, legato (direi "ancorato") al concetto di sacrificio, mentre andare a letto tardi è "ancorato" al divertimento. Spesso facciamo levatacce, per partire presto perché abbiamo un appuntamento di lavoro al mattino in un luogo lontano o perché ci aspetta il primo turno. Per contro facciamo tardi, spesso per divertimenti come, uscire con amici, uscire con il partner, andare a cena, al cinema, giocare a carte, guardare un programma in TV, andare a ballare, andare al pub e così via.

Abbiamo assimilato l'idea che fare tardi la sera sia cool e alzarsi presto al mattino sia da sfigati, andando così esattamente contro natura. Ogni persona che conosco e che abbia provato a fare qualcosa a casa propria, per far partire un'attività o per dare sfogo al proprio hobby, l'ha fondamentalmente implementata la sera.

Prove su prove fatte alla sera quando siamo stanchi e provati dalla giornata. Persone che si scervellano la sera su idee che andrebbero implementare con mente fresca. Persone che leggono libri di formazione, i quali richiedono processi di metabolizzazione attivi, alla sera tardi, dopo otto ore di lavoro. Amici che cercando di far partire un network marketing, come nuova fonte di reddito, studiano la sera i segreti del business. Conosco decine di persone, che hanno preparato esami, studiando sui libri la sera o la notte, perché alzarsi al mattino era faticoso e da sfigati, mentre studiare di notte era più figo.

Mentre leggi queste righe, probabilmente, hai una vocina interiore che ti sta dicendo più o meno: «Ma come faccio ad alzarmi presto? Al mattino ho sonno. Io carburo dopo mezz'ora che mi sveglio. No, non sarebbe possibile per me. Credo che la sera sia la soluzione migliore». Se ci ho preso, beh, allora ci sono due o tre cose che dovresti sapere:
1. Fare le cose di sera tardi, spostando in avanti, il nostro ciclo sonno/veglia, peggiora la qualità del tuo riposo. E peggiorando il

riposo si innescano una serie di disequilibri pericolosi per la tua salute. Innanzitutto potresti stimolare il rilascio di cortisolo in orari diversi da quelli previsti per natura (al mattino presto) aumentando lo stato di stress. In secondo luogo perdi o riduci le ore più importanti di sonno, nelle quali hai la massima produzione di endofarmaci e la massima attività del sistema immunitario.

2. Se ciò che fai alla sera è attivante, la tua mente resta iperattiva e abbasserà con difficoltà la frequenza delle tue onde cerebrali per entrare nello stato di dormiveglia, che precede il sonno ristoratore. Ovvero ti ritroverai a rigirarti nel letto per ore, prima di riuscire realmente a rilassare i tuoi pensieri.

3. Svegliarti presto la mattina è una questione di abitudine, come tutto ciò che fai normalmente, le prime volte ti sembra impossibile alzarti all'alba, ma insistendo e dandoti il tempo integri quella routine nelle abitudini e tutto diviene automatico. Spesso, con l'esercizio si riesce ad anticipare la sveglia di qualche minuto senza farla suonare e io ne sono un esempio. Ci volevano le cannonate per tirarmi giù dal letto, ma, con la forza di volontà e la ripetizione, ho imparato a svegliarmi naturalmente all'ora

stabilita.

Infine devi sapere che alcuni ricercatori dell'Università tedesca di Lubecca hanno svelato che è insito in noi un meccanismo fisiologico regolato da un ormone, l'adrenocorticotrofina, la cui concentrazione nel sangue aumenta un'ora prima del nostro risveglio stabilito. È il sistema endocrino che durante il sonno, è coinvolto nel processo di preparazione a un risveglio anticipato.

Come afferma lo scienziato tedesco Born, il notevole aumento di ormone corticotropo, è la risposta dell'organismo che, spontaneamente, inizia a prepararsi prima dell'effettivo risveglio, in vista di un'alzata di buon'ora, che così avviene in modo assai meno brusco.

Ricordo bene quando lessi per la prima volta *Il monaco che vendette la sua Ferrari* di Robin Sharma, un libro unico nel suo genere e illuminante, tanto che dal 2005 ad oggi l'ho letto altre otto volte cogliendone ogni volta un nuovo insegnamento. Il monaco stava insegnando all'amico uno dei segreti, per essere felici e produttivi, e consisteva nello svegliarsi alle 5 del mattino.

Quando ho letto l'orario mi ricordo che il primo pensiero è stato "impossibile", uno non può alzarsi alle 5 del mattino per stare bene. Ma il desiderio di mettere in pratica quegli insegnamenti era così forte che ho provato a mettere la sveglia indietro di due ore, perché all'epoca mi svegliavo tra le sei e mezza e le sette.

Il risultato è stato devastante, mi alzavo ma non connettevo. Ho ripetuto per diversi giorni, ma devo ammettere che facevo proprio fatica. Riuscivo nell'intento due o tre giorni la settimana, gli altri spegnevo la sveglia e mi rimettevo a dormire per un'altra ora e mezza. Tutto questo per qualche mese, poi piano piano ho trovato sempre meno faticoso alzarmi presto, fino a quando trovavo più giovamento ad alzarmi che a restare a letto.

Sembra incredibile a dirsi ma questo avviene. Prepari la tua mente a tutte le cose meravigliose che farai nell'ora e mezza che hai a disposizione e questo ti fornisce una tale energia che hai voglia di alzarti. Oggi ho trovato una mediazione interessante, in linea di massima vado a letto presto, per le dieci e mezza e mi alzo presto, tra le cinque e le cinque e mezzo, quando però faccio tardi, per qualsiasi motivo, allora dormo, non costringo il mio organismo a rispondere forzatamente a una sollecitazione se ha dormito poco.

In questo modo mi regolo e riesco a ricavare notevoli spazi per me. Inoltre se vivi con qualcuno devi anche bilanciare la vita sociale con l'idea di seguire un ritmo veglia sonno più propedeutico ai tuoi risultati.

Devo dire che, se sei arrivato fino a qui, senza che l'amigdala ti abbia convinto a fuggire, allora ti faccio i miei complimenti, vuol dire che possiamo proseguire.

Due cose trovo stupefacenti alla mattina, che incidono sul resto della mia giornata: l'energia che ne traggo e la concentrazione che raggiungo. Nelle ore che precedono l'alba, quando tutto è tranquillità, io esco. Sul balcone, in giardino, a fare due passi, in spiaggia, in montagna, non importa dove mi trovo, importa che mi connetta con l'energia della giornata che sta per arrivare, è un dare/avere.
Sono lì, sono presente e quindi ricevo. Ricevo i suoni degli uccellini che prima dell'alba cantano in modo delizioso, i suoni della natura che si sta ridestando. Se non l'hai mai provato

dovresti farlo anche solo per capire cosa si prova. Anche dopo, potresti obiettare, gli uccellini cantano, ma ti assicuro che non è la stessa cosa, dopo sono rovinati da altri mille rumori di fondo e cento pensieri che avrai per la testa.

Alle cinque e mezza sembra che cantino per te. A quell'ora inoltre non ho distrazioni oggettive, posso concentrarmi su di me. La mente è ancora sgombra dalla spazzatura che nell'arco della giornata, tutti cercheranno di rovesciarci dentro. Senza fastidiosi stimoli esterni, riesco a mantenere le mie onde cerebrali a una frequenza medio bassa (ritmo Alfa) fino ad abbassarla ulteriormente per arrivare a uno stato ipnagogico (ritmo Theta), stati entrambi propedeutici al pensiero creativo.

Infatti al contrario di ciò che si crede i pensieri creativi e le risposte alle nostre domande, arrivano proprio quando l'attività fisica del nostro cervello si abbassa. Quando lavori, parli e usi tutti i mezzi moderni di comunicazione, sei in stato di stress, come il ritmo Beta che è caratterizzato da tensione mentale, in quella condizione difficilmente ti verranno idee geniali o troverai risposte creative alle tue domande.

130

Per contro si è registrato che la comparsa di onde Gamma, ovvero le onde con la frequenza più alta, associate ai massimi livelli di funzionalità cognitiva, compaiono in picchi durante i rilassamenti meditativi. Queste straordinarie onde hanno la capacità di collegare le informazioni provenienti da ogni area del nostro cervello, mettendole in comunicazione. Le onde Gamma sono conosciute anche come onde delle idee geniali.

Come ricorderai, dal mio racconto, sono state infatti parecchie le idee innovative che ho sviluppato nel corso degli anni, e la quasi totalità di esse l'ho prodotta nelle ore del mattino presto dopo un momento di rilassamento, meditazione o ripetizione di un mantra (a tal proposito puoi aiutarti con le tracce che trovi sul sito www.metodoimprenditorelibero.com che fanno parte del sistema Relax 5.1® che ti permette di raggiungere grandi risultati in minor tempo. Per l'approfondimento in merito alle onde cerebrali e l'attività elettrica del cervello, invece, troverai andando avanti una gradita sorpresa a fine libro).

L'augurio più grande che ti posso fare, è che tu riesca a fare tuoi tutti i segreti di questo metodo, al fine di riceverne la spinta massima che ho creato per te. Prova a concentrarti sul segreto appena letto potrebbe essere il primo grande passo verso il tuo nuovo successo. Anche se questo fosse un percorso lento e ti richiedesse mesi o anni, vai avanti, ne sarai ampiamente ripagato.

Ti suggerisco inoltre di leggere e studiare i libri di Robin Sharma, *Il monaco che vendette la sua Ferrari*, *Una vita inimitabile*, *Istruzioni di vita*, *Vivere alla grande*, *Il santo il surfista e l'amministratore delegato*, *Il leader che non aveva titoli* e di Jack Canfield e Mark Victor Hansen *Brodo caldo per l'anima 1, 2 e 3*. Non mancheranno di arricchirti interiormente.

In questi approfondimenti abbiamo visto:

n°13 Crisi

I veri salti in avanti li fai superando una crisi. Le crescite personali che hai vissuto ti hanno forgiato e permesso di divenire una persona più resistente.

n°14 Strategia

La strategia serve al raggiungimento dell'obiettivo e deve essere chiara e dettagliata e più lo sarà, meglio farai le tue scelte, quando si renderanno necessarie.

n°15 Mattina presto

La mattina presto è un momento magico, in cui i ritmi biologici ti permettono di essere produttivo, come in nessun altro momento della giornata.

Capitolo 5:

Sistematizza e forma

Due sono state le strategie che hanno creato in me la mentalità vincente che mi ha portato a fare un ulteriore passo in avanti verso la creazione della catena e dell'azienda Vitamin Store. Le abbiamo già viste, ma nel momento in cui le ho sommate sono diventate la vera chiave di svolta.

La prima strategia consiste nell'impegnarmi ogni mattina ad alzarmi presto e leggere un libro di formazione. Alzarsi presto il mattino è una abitudine importante che puoi ritrovare come skill in quasi tutte le persone di successo, perché al mattino avvengono moltissimi processi, esaminati nella sezione segreti del capitolo precedente, che possono aiutarti in maniera importante a sviluppare te stesso.

Leggere libri di formazione di per sé è una pratica utilissima, se sei una persona attiva che punta al successo nella vita, privata e lavorativa, allora devi modellare o anche solo prendere spunto dalle persone che ti hanno preceduto in questa esperienza. Come si impara nella PNL il modellamento è un processo che si basa essenzialmente sullo scambio di idee, quando due individui scambiano le loro esperienze e abilità, dopo il loro incontro, risultano più ricchi di prima.

Se esiste un particolare individuo che possiede specifiche capacità che ci interessano, grazie al modellamento, possiamo "estrarle" e apprenderle e questo avviene anche attraverso libri. Farlo al mattino è sicuramente una modalità importante che ci aiuta ad assimilare meglio e ad ampliare la mente.

La seconda strategia è stata la comprensione di che cosa siano i problemi per un imprenditore, nella propria impresa. I problemi sono un trampolino di lancio (trovi l'approfondimento n°16).

Lo so che fa sorridere ma i problemi sono esattamente questo, e se sei in grado di prenderli per quello che sono, cogliendone l'aspetto positivo, entri in un sistema potenziante che ti permette di crescere continuamente affrontandoli. A questo punto i problemi smetteranno di essere tali e comprenderai che sono un passaggio essenziale di trasformazione.

Esattamente come il bruco compie processi complessi per trasformarsi in farfalla, passaggi essenziali che possono essere magari anche dolorosi, ma necessari, per passare dallo strisciare al volare, così capita a tutti gli esseri umani che nel vivere sono costretti a continui e necessari cambiamenti.

Questi processi li ho applicati all'essere imprenditore, perché dal camminare da solo per le strade dell'imprenditoria, al volare con un team vincente e coeso, ho dovuto affrontare una serie di problemi. Problemi che avrebbero anche potuto sbaragliare la resistenza di altre persone che non avessero avuto le informazioni, gli strumenti e la consapevolezza che avevo costruito in me, certamente agevolato dalle mie qualità innate, ma pur sempre allenate e applicate, come la perseveranza e la costanza.

La capacità di tenere duro e di andare avanti, ma soprattutto di comprendere che quei problemi mi servivano per diventare un imprenditore migliore. Sono queste due attitudini mentali, attivate contemporaneamente, alzarmi presto al mattino e studiare e guardare i problemi come a nuove sfide da affrontare che mi hanno permesso di sviluppare nuove idee e portare l'azienda a un nuovo ulteriore livello.

L'azienda sta crescendo in maniera esponenziale. Siamo diventati importanti e abbiamo raggiunto il traguardo con l'apertura di un nuovo negozio al mese, quindi circa dieci, undici punti vendita all'anno, attivando una severa selezione delle richieste che sono anche trenta, trentacinque l'anno, perché sono e siamo ben attenti a chi far entrare nella nostra cerchia.

Ed è in questo momento che comincia a farsi strada in me un'ulteriore obiettivo. Voglio un'azienda più efficace, più moderna, più autonoma e che funzioni ancora meglio richiedendo sempre meno la mia presenza fisica. Voglio, ripeto, un'azienda che funzioni sempre meglio in totale autonomia e che non richieda necessariamente la mia presenza.

Sì, hai capito bene. Guardandomi attorno vedo le aziende partner, con i cui titolari e dirigenti ho un ottimo rapporto il quale favorisce lo scambio di molte informazioni, e osservo i titolari. Sono costretti ad aumentare costantemente e sempre di più i loro ritmi lavorativi, sono sempre più impegnati a seguire le loro aziende in crescita e sono sempre meno liberi.

La posizione di osservatore esterno e distaccato che ho assunto rende molto evidente che qualcosa non funziona nella loro ma soprattutto nella mia attività che è quello che a me interessa sistemare. Anche io sono un imprenditore la cui azienda è in crescita e anche i miei ritmi di lavoro sono sempre più sostenuti. Capisco che rendere più autonome le persone che lavorano per me mi agevolerebbe e darebbe vantaggio all'azienda.

Già i collaboratori e dipendenti lo sono, ma non abbastanza rispetto a quello che voglio. Inizio quindi l'ultimo e definitivo processo. Quello di sistematizzare ogni ambiente dell'azienda. Esistono già divisioni in reparti e intervengo in ognuno affinché i responsabili di ogni area diventino ancor più autonomi.

Affianco queste persone e fornisco loro gli strumenti per crescere sempre di più a livello personale e di conseguenza anche lavorativo, perché sempre più risolvano il bisogno della mia presenza. Sono sempre disponibile e presente per un confronto, magari durante o alla fine del lavoro, ma non per lo sviluppo del lavoro stesso. Questo è l'obiettivo. Essere utile e necessario per un confronto finale, per una guida, ma non per sviluppare il lavoro.

Intervengo all'interno dei sistemi esistenti. Esamino il sistema dell'ufficio che si dedica alla ricerca delle materie prime, all'acquisto dei prodotti, alla fornitura dei negozi, il sistema che implementa le nuove campagne pubblicitarie, il sistema che crea marketing, il sito e i social, il sistema che controlla i prezzi, rinnova i prodotti, il sistema magazzino che controlla e gestisce le spedizioni, il sistema impresa che cura i previsionali di ogni singolo prodotto e ne segue la produzione.

Spingo molto l'acceleratore sulla sistematizzazione del gruppo e faccio in modo che, mentalmente, e voglio che questo passaggio ti sia molto chiaro, tutti i miei collaboratori salgano di livello e diventino, passo dopo passo, figure autonome ciascuno nel proprio ambito (trovi l'approfondimento n°17 a fine capitolo).

Questo è un passaggio molto complesso perché se sono dipendenti, la parola stessa lo dice, dipendono da qualcun altro, non hanno la mentalità per essere degli imprenditori o dei lavoratori autonomi.

Robert Kiyosaky nei quattro quadranti del cash flow da lui ideati, posiziona queste due categorie su quadranti differenti. Addirittura gli autonomi e i dipendenti sono sul settore di sinistra dello schema mentre l'imprenditore piuttosto che l'investitore sono sul quadrante di destra. Le mentalità sono completamente diverse, ma anche l'autonomo e il dipendente hanno mentalità differenti.

Ebbene, lo sforzo che mi impongo è proprio quello di modificare la mentalità e il modo in cui ogni mio collaboratore e dipendente ha vissuto e ha visto fin lì la nostra azienda. Intanto l'azienda diventava nostra e mentalmente iniziano tutti a sentire proprie le responsabilità di quel segmento di azienda che gestiscono. Inizio a farli confrontare fra di loro, li supervisiono e le idee sono il frutto dei loro confronti. Inizio ad assegnare compiti e funzioni molto complesse che devono portare a termine.

Per esempio la ragazza che lavora con me da tantissimi anni all'ufficio acquisti inizia a occuparsi anche della ricerca delle materie prime. Le fornisco i parametri tecnici che deve rispettare per soddisfare lo standard qualitativo, la istruisco ma è lei che identifica, cerca, individua, e spedisce al sistema produzione le materie prime scelte. E con i colleghi controlla che siano adeguate, che soddisfino le esigenze, per poi inserirle nei processi produttivi.

Continuando nell'opera di affiancamento non smetto di osservare i cambiamenti che accadono in azienda ed ecco che una mattina, si affaccia alla mia mente una domanda, che mi impone di dovermi impegnare a lavorare su un nuovo aspetto di me.

Le persone che seguono i singoli sistemi stanno portando avanti il lavoro esattamente come lo farei io? La risposta è ovviamente no. Ho già compreso che per quanto segua queste persone e cerchi di ampliare il loro modo di vedere, comunque ognuno di loro è una persona adulta e ha il proprio modo di vedere l'impresa, il proprio modo di partecipare, il proprio modo di contribuire e io devo e voglio rispettare la loro diversità.

Capisco quindi che quello che devo fare è esaltare e aiutare queste persone a far crescere ed emergere i loro aspetti positivi, aiutarle a individuare le loro risorse e contribuire a far sì che riescano a diventare padrone consapevoli di loro stesse. Voglio che anche in termini pratici arrivino a esprimere il meglio di loro stesse.

Devo intervenire per identificare le caratteristiche positive di ciascuno, perché sono tutte persone valide e capaci, è solo necessario trovare per ognuno l'adeguata posizione, il ruolo che possono rivestire con la maggiore facilità. La persona più estroversa è interessante inserirla nel rapporto con le altre persone, la persona più precisa in contabilità, e così via.

L'aspetto che voglio sottolineare è sempre quello, la vera crescita l'ho dovuta fare io, non loro, perché sono io che ho dovuto accettare che le cose in ogni sistema della mia azienda potessero essere fatte non solo con il mio "modo di fare" ma anche con altri, che non erano esattamente i miei ma che stavano ovviamente all'interno di regole che avevo predisposto e venivano rispettate.

E quindi il grosso passaggio consiste nell'aprire la mente e capire che circondarsi di dipendenti e collaboratori che sanno lavorare bene è anche meglio che essere da solo e fare benissimo. Alla fine tanti "bene" diventano ancora più interessanti del mio solo "benissimo".

Ne sarò doppiamente agevolato perché non dovrò più spendere il mio tempo nell'eseguire praticamente un lavoro, saranno loro a portare a termine le singole operazioni utilizzando il loro tempo e il mio sarà speso nell'ambito organizzativo. E ne avrò molto di più a disposizione.

Dovrò ideare la nuova modalità, organizzarne la fattibilità, dovrò seguire le persone identificate come le più adeguate a svolgere quel tipo di mansione, farle crescere, responsabilizzarle e monitorare l'efficacia del nuovo sistema fino all'ottenimento del livello che desidero. E quando il sistema arriverà all'efficacia da me desiderata, quelle persone saranno autonome.

Tutto questo funziona ma sempre e solo quando tu imprenditore avrai fatto un salto di qualità in avanti e capito che sistematizzare la tua azienda è un compito che riguarda la tua mente. È un qualcosa di necessario ma il passaggio è che TU devi crescere per sistematizzare la tua azienda, solo di conseguenza cresceranno tutti i tuoi collaboratori. Questo è il messaggio di questa parte del libro.

Finalmente all'inizio del 2007 l'azienda è veramente sistematizzata e pronta ad affrontare le eventuali difficoltà che dovessero presentarsi. Ho impiegato in alcuni casi un anno a risolvere gli aspetti più semplici, in situazione più complesse due o tre anni, e negli ambiti maggiormente articolati sono arrivato alla conclusione e all'autonomia del settore dopo cinque anni.

Ho preparato tutti i dipendenti e collaboratori e li ho resi capaci e pronti ad affrontare ciascuno la propria sfida. Ho creato un team forte, unito e compatto perché i sistemi sono rodati e funzionano senza intoppi. L'azienda è pronta anche a intervenire e agire nella maniera più adeguata in caso di eventuali difficoltà, emergenze e crisi dovessero presentarsi. In questi anni porto avanti contemporaneamente il fronte sistematizzazione e formazione costante e continua del personale.

Dal 1999 infatti mi sono ormai definitivamente innamorato della formazione che ho iniziato tanti anni prima e sempre portato avanti con regolarità su me stesso e inizio a volerla estendere anche ai i miei collaboratori. Inizialmente mi rivolgo a formatori esterni ma presto capisco che spetta a me il compito, perché questo è un momento di crescita essenziale all'interno dell'azienda ed essere presente e disponibile anche nelle vesti di formatore crea una forza di coesione sempre maggiore all'interno del gruppo.

I "miei ragazzi" (dipendenti, affiliati e collaboratori di tutta Italia) iniziano a vivere con sempre maggiore entusiasmo i momenti dedicati alla crescita personale e si rafforza la compattezza e l'unione del gruppo. Mi sforzo sempre più a imparare tecniche nuove e studio espandendo la mia stessa visuale della formazione, perché animato dal desiderio di fornire nozioni e strumenti sempre più validi e adeguati, oltre che a me stesso e ai collaboratori diretti anche a tutti i miei affiliati.

Decine e decine di negozi dipendono dalle mie scelte e questa responsabilità mi sprona, mi spinge a migliorarmi e crescere. È una spirale positiva che vede me come punto di partenza per arrivare a far migliorare tutta la struttura e dirigerla verso il successo.

Stringo i ranghi e dal 2000 in poi istituisco la Vitamin Store Academy. Chiunque voglia far parte del mondo di Vitamin Store, deve parteciparvi a diversi livelli e, gradino dopo gradino, affrontare tematiche e aspetti della crescita personale applicata al mondo del lavoro. L'Academy è strutturata con una parte dedicata alla formazione tecnica, i cui insegnanti e relatori sono due dottori con una preparazione esemplare, che sono passati dall'essere miei dipendenti al diventare titolari del loro punto vendita.

Questo passaggio è importante da sottolineare per due motivi, il primo è che servivano persone appassionate del settore che facessero formazione partendo dalla spinta interna che muoveva loro stessi, il secondo è che fossero parte della nostra famiglia. Servivano persone interne che sperimentassero giornalmente tutto ciò che insegnavano, che vivessero le stesse esperienza degli affiliati che li ascoltavano, insomma che fossero credibili!

Non ho mai creduto a chi, dalla propria posizione in cattedra, insegna agli operativi, alle persone che giornalmente devono affrontare la realtà dei fatti. Questi ragazzi mi affiancavano occupandosi dell'aspetto tecnico della formazione lasciando a me la gestione dell'aspetto relativo alla crescita personale.

La disponibilità dei partecipanti è totale, hanno tutti capito l'importanza della formazione e della loro crescita individuale. Il gruppo è coeso, disposto e desideroso di crescere, ed è pronto ad affrontare anche tematiche specifiche, innovative e impegnative. Ricordo per esempio, di aver erogato un corso molto complesso sulle ultime scoperte della neuroscienza. L'anno successivo è stato il momento di un programma sulla leadership personale, quello successivo l'ho dedicato allo stimolo alla lettura formativa.

Ciò che voglio dire è che non necessariamente devi presentarti con corsi per vendere solo perché stai formando venditori. Lo sforzo vero deve andare nella direzione di far comprendere che la crescita è crescita. I corsi sulla vendita serviranno inizialmente per portare allo stesso livello le diverse persone, ma dopo qualche anno, dovrai stimolarli in modo creativo e coinvolgerli in un vero processo evolutivo.

Condividere esperienze e affiancare i collaboratori e i dipendenti, dare il giusto tempo a ciascuno per integrare il messaggio, consente a tutti di comprendere e soprattutto verificare in termini concreti, l'efficacia della formazione e quanto questa incida oltre che sulla vita lavorativa, anche su quella personale.

La passione che mi anima, ha coinvolto piano piano la maggior parte delle persone orbitanti nel mondo Vitamin Store, e i momenti dedicati all'Academy sono ora vissuti anziché come imposizione, con lo spirito del piacere di ritrovarsi tra amici e come momento dedicato a se stessi.

Nel tempo cresce in tutti i partecipanti all'Accademy la consapevolezza di poter decidere e intervenire in qualsiasi ambito, tutti sappiamo di poter fare qualsiasi cosa. Sì, hai capito bene. Qualsiasi cosa.

Perché siamo arrivati a fare i corsi più complessi con l'entusiasmo di chi sa che sta studiando argomenti che apparentemente sembrano inutili e poco pertinenti al "vendere" ma sono ambiti di conoscenza necessari da studiare e applicare per diventare delle persone migliori, degli imprenditori migliori, per gestire in modo migliore il proprio punto vendita. La nostra qualità di servizio verso il cliente si innalza così a livelli difficilmente raggiungibili dai nostri concorrenti (trovi l'approfondimento n°18).

In alcuni negozi, dove il gestore è particolarmente portato, si alzano enormemente i picchi di successo e comunque lo standard si consolida a un livello alto per tutti i punti vendita e in ogni città in cui siamo presenti diventiamo un riferimento assoluto per la clientela e gli operatori del settore e arriviamo, con le nostre competenze, le massicce campagne pubblicitarie e di marketing su ogni rivista, a creare una sinergia dirompente.

Tanto che il nome Vitamin Store diventa, in qualche anno, il termine utilizzato per indicare non la nostra catena, ma in generale il segmento dei negozi specializzati che vendono integratori alimentari e che forniscono servizi.
Radio, televisione, giornali e riviste iniziano a parlare e scrivere sempre più di Vitamin Store. Ricordo ancora l'emozione provata un sabato di prima estate, sarà stato giugno... Sto andando a Novara a trovare un affiliato che inaugura la nuova sede del suo

negozio. In auto con altre persone stiamo ascoltando Radio DJ. Roberto Ferrari, il dj in onda quella mattina, racconta del suo tentativo di circumnavigare l'Italia con un kajak e mentre parla con fervore della propria sfida, spiega che si sta allenando cinque volte la settimana con un personal trainer per irrobustirsi e prepararsi.

«Ormai è cosa semplice allenarsi e nutrirsi correttamente e utilizzare i giusti integratori» dice e aggiunge «perché è sufficiente andare nel Vitamin Store della propria città per ottenere un servizio di consulenza personalizzato».

Rimango a bocca aperta, faccio segno ai miei compagni di viaggio indicando la radio e anche loro sono stupiti da ciò che hanno appena sentito. In auto si crea un silenzio importante... e poi iniziamo a parlare tutti insieme eccitati come ragazzini!

In quel momento capisco che abbiamo svoltato, che ho raggiunto un mio traguardo, "il punto critico". Il termine Vitamin Store è entrato nel linguaggio comune, e verrà utilizzato dalla massa impropriamente e come termine generico e non come nome proprio di una catena privata (trovi l'approfondimento n°19).

Il dj che ha parlato in radio non è necessariamente un cliente di uno dei miei negozi. Ha identificato in Vitamin Store il termine generico con il quale indicare un negozio di integratori alimentari. Da lì in poi sempre più persone danno il nostro nome ai negozi di integratori del loro paese. Sono molti che chiamano il centralino per sapere se lunedì è aperto il Vitamin Store di, e ci danno il nome di un paesino nel quale non siamo presenti. Questo perché ormai hanno identificato il nome commerciale col prodotto.

Sono molti gli esempi di "volgarizzazione del marchio", così si chiama il fenomeno, che ho in mente e sono tutti di aziende famose e conosciute, Biro, Thermos, Velcro, Scoth, Post-it, Nylon, Cellophane e Rollerblade, solo per citarne alcune e adesso tra loro potevo annoverare Vitamin Store, la mia creatura.
Abbiamo fatto bingo. È la vera svolta. È accaduto qualcosa di impensabile fino a poco prima. Tutti i nostri sforzi iniziano a dare i loro frutti. Siamo diventati il riferimento del mercato in Italia e in molti casi anche in Europa. Sì, anche in Europa perché siamo così coesi e forti che ci stiamo espandendo oltre confine. E dove

non siamo presenti fisicamente con i punti vendita, lo siamo perché le multinazionali europee ci prendono ad esempio.

Sono ormai molte le riunioni del settore supplementazione sportiva, in Europa, durante le quali viene citato l'esempio di Vitamin Store per mostrare come creare un'azienda coesa e colonizzare una nazione, senza lasciare spazio ad alcun competitor di spessore. Amici che dirigono l'Italia per due multinazionali, una americana e una tedesca, mi raccontano che alle riunioni europee dei loro gruppi, hanno sempre Vitamin Store sulla lavagna o in slide identificata come esempio vincente da seguire. Siamo diventati finalmente quell'azienda che ho sognato fin da quando avevo diciannove anni.

Gli APPROFONDIMENTI del capitolo 5

n°16 Come affrontare i problemi

Nel quinto capitolo ho scritto: «Problemi che avrebbero anche potuto sbaragliare la resistenza di altre persone che non avessero avuto le informazioni, gli strumenti e la consapevolezza che avevo costruito in me, certamente agevolato dalle mie qualità innate, ma pur sempre allenate e applicate, come la perseveranza e la costanza. La capacità di tenere duro e di andare avanti, ma soprattutto di comprendere che quei problemi mi servivano per diventare un imprenditore migliore».

Da qui vorrei partire per affrontare, forse il tema più scottante, i problemi, analizzando non tanto perché sorgano, quanto quale attitudine mentale può aiutarti a superarli. Come ho scritto potresti essere agevolato dalle tue qualità innate, io per esempio sono un combattente e come tale affronto le sfide, ma il punto è che, per ognuno di noi, vi è un limite, raggiunto il quale, il prossimo problema diventa insormontabile, non importa che tu sia portato o no ad affrontarli, arrivi a un punto che ti fermi, semplicemente non sai più come andare avanti.

Non so se mi comprendi completamente, ma il nocciolo sta proprio in questo passaggio, qualsiasi sia il tuo livello di formazione in questo momento, lungo il cammino affronterai una serie di sfide e prima o poi te ne capiterà una di dimensioni e struttura fuori dalla tua portata.

Mi è capitato nel corso della vita, sia imprenditoriale che personale, di trovarmi di fronte a sfide così grandi, da farmi tremare le gambe, quei problemi che ti risuonano nell'amigdala stimolando l'impulso ancestrale di fuggire davanti al pericolo, quindi so di cosa parlo. Scrivo che, senza informazioni, strumenti e consapevolezza, non avrei saputo come superare quei momenti, ed è così.

Studia chi ha già affrontato e superato sfide, leggi libri di storie di successo, questo stesso libro, che stai studiando ti aiuta in un modo che adesso forse fai fatica a comprendere, ma ti risuonerà in testa, venendoti in aiuto, nel momento del bisogno. Gli strumenti li trovi disseminati nei testi e nei video di chi ha vinto, apprendili e falli tuoi. Oggi sono disponibili ovunque.

La consapevolezza invece è stata la chiave finale, aver compreso che quei maledetti problemi, che in quel momento stavo affrontando, che "non ci volevano proprio adesso", che "ma perché proprio a me", che "ma come faccio da solo", erano sfide che mi servivano per diventare un imprenditore migliore, mi hanno fornito quella marcia in più per andare avanti.

Non voglio essere semplicistico, rendendo tutto un processo banale, perché dietro a queste parole ci sono studi e riflessioni e anni e anni di cadute ma anche di successi. Quel che voglio dire è che affrontare sfide insormontabili superandole, fa crescere di livello diventando un imprenditore migliore e, allargando il paradigma, diventare una persona migliore, decisamente più forte.

Stai bene attento a questo passaggio, se necessario rileggilo più volte. Occorre capire che se il problema che hai di fronte ti sembra affrontabile significa che la problematica è del tuo stesso livello e quindi non potrà farti crescere. Per contro avere a che fare con una sfida che ti toglie il fiato significa che allora ti sei imbattuto in un problema di un livello superiore a quello nel quale sei posizionato in questo momento e superare la difficoltà ti farà crescere e ti porterà a un nuovo e successivo livello dal quale affrontare nuove sfide che saranno sempre più grandi ma il cui superamento ti farà evolvere con salti importanti verso la vetta.

Il punto sta in questa comprensione. Se è vero che siamo fatti per migliorarci, se è vero che devi crescere per far crescere la tua vita, imprenditoriale e personale, allora devi affrontare problematiche di un livello superiore se vuoi che ciò accada. E siccome l'energia mentale che utilizzi per affrontare le cose, fa la differenza tra il successo e l'insuccesso, più sei consapevole che per quanto non desiderata, questa sfida ti servirà, più avrai energia per affrontarla.

Più avrai energia per affrontare il mostro, più questi si sgretolerà sotto la tua forza di volontà. La forza di volontà e l'energia mentale focalizzata ti permettono di accedere a risorse che oggi credi di non possedere.

Ti giuro che se guardo indietro vedo vette superate che all'epoca credevo impossibili, ma che oggi affronto con serenità di spirito. Per contro se ti spaventi, impieghi le tue forze concentrandoti sul problema e le disperdi vedendolo insuperabile, mancherai di quelle energie necessarie per implementare in te i processi utili a superarlo.

Tutti i nuovi processi richiedono la massima focalizzazione. Vorrei dirti che non è così, che basta volere per ottenere, ma... non siamo fatti in questo modo, sarebbe troppo facile... e questa è la realtà. Forse chi ci ha creato aveva un gran senso dell'umorismo!

Devi essere focalizzato al 100%, per trovare la strada della tua crescita, che ti porterà in cima al monte e questo avverrà solo se, comprenderai che quelle sfide sono necessarie a te per sviluppare il reale potenziale.

Ho scritto nei primi capitoli che i problemi ti sembrano grandi in funzione di quanto tu sia ancora piccolo. Il che implica che è necessario crescere e diventare grandi per affrontarli e superarli. Il mio augurio, amico caro, è che tu possa affrontare tante sfide così da diventare un gigante che tutti possano vedere e seguire come esempio!

n°17 Mind setting e cambiamento nel team

Partiamo da ciò che desideravo per il mio team di lavoro, ovvero, che tutti i miei collaboratori salissero di livello e diventassero gradualmente figure autonome ciascuno nel proprio ambito.

Non ci starò a girare intorno, questo passaggio è molto complesso, perché se sono dipendenti, hanno degli schemi mentali da dipendenti, mentre tu ragioni con processi da piccolo, medio o grande imprenditore, che in ogni caso sono completamente differenti dai loro. Non voglio sminuire un processo così articolato, ma il mio compito è di semplificare al massimo affinché tu possa modellarlo nel migliore dei modi, quindi ne elenco i punti salienti:

1. Il primo passaggio è la tua capacità di entrare in empatia. Solo così sarai in grado di comprendere e farti comprendere. Attraverso l'empatia, chiave di volta per comunicare con i tuoi collaboratori, eviterai di essere sentito ma non ascoltato.

Ponendoti empaticamente sarai certo di essere capito ed eviterai il disagio creato da una comunicazione che faccia trasparire il senso di superiorità che la tua posizione spesso genera; la qual cosa normalmente porta al rifiuto del tuo punto di vista se non addirittura ad atteggiamenti di ostacolo. Diciamo così, senza una vera comunicazione empatica, se ti va bene ottieni la mera applicazione delle tue richieste. Se ti va bene.

2. Il flusso delle informazioni, tra te e loro, avrà delle caratteristiche da rispettare:

- Dovrà essere graduale
- Dovrà essere il più chiaro possibile
- Dovrà essere condiviso

Così avrai la possibilità di fare in modo che il flusso informativo che desideri fare arrivare ai tuoi collaboratori, mantenga intatti i concetti che vi hai inserito. Ma mi raccomando, fa in modo di rispettare sempre le tre caratteristiche che ti ho sottolineato.

3. Dovrai rispettare il loro tempo di metabolizzazione delle informazioni. Tu sicuramente hai una velocità di elaborazione differente dai tuoi collaboratori, questo è dovuto a tre principali motivi:

- Hai una velocità di apprendimento innata, grazie alla quale, stai per imprendere o lo stai già facendo e desideri espanderti.

- Imprendendo, stai abituando la tua mente a metabolizzare al volo un sacco di informazioni e così facendo, ti sembra semplice processarle, anche quando semplice non è.

- Hai abituato la tua mente a schemi imprenditoriali, che vanno oltre il normale modo di pensare. Ciò che per te è facilmente intuibile può non esserlo per i tuoi collaboratori.

4. Dovrai essere un esempio ma essere altresì pronto a metterti da parte per lasciare spazio alla loro crescita. Ricorda che la crescita professionale dei tuoi collaboratori è il processo che ti porterà alla creazione della tua libertà. Quindi sii paziente.

Il lavoro con i tuoi dipendenti e collaboratori è un processo lungo che richiederà del tempo differente in funzione delle caratteristiche di ognuno di loro. Cerca di comprenderle e fanne il loro punto di forza dal quale partire, e ricorda che sei tu come leader a doverle individuare. Fissati l'obiettivo di farli crescere, sii chiaro con ognuno.

Comunica e comunica e quando sei stanco, continua a

comunicare. Coinvolgi il personale nell'azienda, non puoi pretendere che si sentano parte di essa se li escludi. Ricorda che dovrai suonare una sinfonia e avrai bisogno di un'orchestra ben disciplinata e coordinata e arriverai alla perfezione solo con innumerevoli prove!

n°18 Servizio al cliente

Questo segreto lo scrivo per te, che farai o hai un'attività con rapporto diretto col pubblico e desideri ampliarti. Il segreto è far crescere il tuo team di lavoro affinché quando entra in contatto con i clienti lasci questi a bocca aperta per la preparazione e passione. Per far questo impiegherai del tempo, è un processo lungo, ma se mai lo inizierai mai riuscirai ad implementarlo, quindi, buttiamoci nella mischia ok?

Fase 1: Iniziare con lo spiegare quanto la formazione possa essere impattante sui risultati. Fai comprendere ai tuoi collaboratori che formarsi è propedeutico all'azienda in cui lavorano, ma più di ogni altra cosa è propedeutico a loro stessi. Se diventano bravi, competenti e capaci avranno un lavoro assicurato anche per il futuro.

Fase 2: Inizia con brevi corsi relativi al loro ambito di lavoro. Se sono venditori con corsi sulla vendita, se hanno contatto col pubblico con corsi sulla gestione interpersonale, e così via. Devono inizialmente poter apprezzare la formazione applicandola immediatamente.

Alcuni il giorno dopo si metteranno in gioco, altri non si sposteranno di molto dalle loro abitudini. Ogni individuo ha le sue tempistiche. Sii paziente e fermo nelle tue richieste. In questa fase ho trovato utile anche regalare qualche libro e poi discutere assieme del contenuto.

Fase 3: Quando hanno compreso quanto sia utile formarsi, allora puoi spingere sull'acceleratore facendoli partecipare a corsi sulla crescita personale o imprenditoriale. Puoi chiedere a loro cosa vorrebbero approfondire e ascoltandoli puoi capire molte cose. Insomma questa è la fase dove farli veramente diventare persone migliori.

Ricordo che molte cose cambiarono quando iniziammo ad analizzare i nostri servizi come qualità erogata e la paragonavamo alla qualità percepita dal cliente. Analizzavamo cose del tipo quanto tempo il cliente ringraziasse per il servizio ricevuto dopo aver comperato e pagato, le parole che usava, dopo quanto tornava nel punto vendita e quante persone portava con se. Siamo arrivati ad analizzare particolari dai quali ottenevamo preziose informazioni che per i nostri competitor erano incomprensibili.

Alzando così tanto il nostro livello di preparazione, i clienti notavano una differenza abissale tra noi e il resto dei negozi presenti sul mercato e ce lo facevano piacevolmente notare. In questo modo spiazzavamo la concorrenza che non riusciva a tenere il nostro passo, sotto l'aspetto del servizio erogato, naturalmente.

Ma fare formazione a questo livello, è un processo che devi implementare piano piano nella tua attività. In primis devi capirlo tu, devi applicarlo a te stesso, altrimenti siamo fritti! Ricorda che l'azienda è lo specchio della tua persona!

Poi devi aver la pazienza di passare la passione ai tuoi collaboratori. Stargli dietro. Pagare per loro. Devi imparare a vedere quel tempo come un investimento proficuo per il tuo futuro. Se farai tutto questo ti eleverai ad un livello diverso dai tuoi competitor. La formazione se fatta completa e integrata nella tua azienda, ti aiuta ad elevarti dalla massa e divenire un riferimento sul mercato.

n°19 Il punto critico/la svolta

Nel racconto faccio riferimento a quando su Radio DJ sento parlare dei miei negozi, utilizzando il loro nome, per identificare la categoria dei negozi specializzati in integrazione alimentare e dico che fu quello il momento in cui capii di aver raggiunto il punto critico.

Iniziamo col chiarirci sull'utilizzo del termine. Per punto critico intendo quel momento oltre il quale le cose cambiano in modo radicale, in modo esponenziale e accelerano come mai prima. La prima volta che ne sentii parlare in termini scientifici, fu leggendo il libro di Malcom Gladwell, *Il Punto Critico, i grandi effetti dei piccoli cambiamenti*, era l'ottobre del 2006 e quel libro mi rimase nel cuore, tanto che lo lessi una volta all'anno per tutti gli anni successivi.

L'idea di Malcom era che i fenomeni apparentemente inspiegabili, come un libro che improvvisamente diventa un best seller, il passaparola incondizionato o qualsiasi altro cambiamento misterioso, sia da considerarsi come una epidemia. Prodotti, libri e idee si diffondono come fanno i virus. Un'epidemia arriva al suo punto critico e il suo equilibrio viene sconvolto, quando si determina un cambiamento in uno dei tre fattori che il giornalista chiama rispettivamente:

- Potere del contesto
- Legge dei pochi
- Fattore presa

Il cambiamento per essere tale da permettere di raggiungere e superare il punto critico, si deve essere verificato in uno, a volte due o persino tutti e tre i fattori. Non è questa la sede per approfondire i tre fattori, anche perché ci vorrebbe un intero libro, ma proverò a darti una descrizione rapida che ti permetta di identificarli nel racconto. Questo ti permetterà di analizzarli e provare a riprodurli nel tuo settore di appartenenza.

Potere del contesto. Le epidemie sono fortemente influenzate dal contesto in cui si trovano. Le circostanze, le caratteristiche e le condizioni dell'ambiente sono importanti. Allo stesso modo, studi hanno dimostrato che le persone sono molto più sensibili all'ambiente in cui si trovano di quanto possa sembrare.

Uno degli elementi che vorrei passarti in questa righe è che il contesto può essere modificato con l'intervento su dettagli minimi. Infatti si è dimostrato che i dettagli minori sono quelli che possono far vivere un'esperienza diversa al tuo consumatore. A volte con piccoli sforzi puoi ottenere grandi risultati semplicemente agendo su questo fattore.

Un esempio fu l'omaggio dell'acqua nei nostri negozi. Per aumentare il servizio all'interno dei Vitamin Store, feci un accordo con Coca Cola Italia e procedetti all'introduzione dei frigo a colonna nei negozi. Dentro inserivo succhi di frutta, bibite energizzanti, coca cola zero e acqua, il tutto a prezzi leggermente più bassi di quelli di mercato. Non ebbe un gran successo, perché effettivamente nessuno entra in un negozio per prendere da bere fosse anche solo per una questione di abitudine e i frigo si svuotavano troppo lentamente.

Così ebbi l'idea di provare a omaggiare una bottiglietta d'acqua, dal costo irrisorio (all'epoca le pagavamo 13 centesimi l'una) esattamente nel momento in cui i clienti avevano finito di acquistare, avevano pagato e stavano per andarsene. In quel momento la loro psiche era appagata dall'acquisto e non si aspettava nulla in cambio, quindi l'offerta di una bottiglietta d'acqua, da usare per strada, fresca e dissetante, diventava una novità dirompente che lasciava i clienti a bocca aperta.

Il contesto era quello giusto, un negozio, avevano finito l'acquisto, avevano pagato, stavano uscendo ed ecco la sorpresa che li lasciava positivamente felici. Si creava un momento interessante che restava nella mente del cliente. Devi cercare di creare il tuo, a volte bastano piccoli cambiamenti per ottenere grandi risultati.

Legge dei pochi. Avrai sentito parlare spesso del Principio di Pareto o Legge dell'80/20, è una legge empirica che recita che l'80% di ciò che si ottiene è dovuto solamente al 20% di ciò che si fa, detto in altro modo, la maggior parte degli effetti è dovuta ad un numero ristretto di cause.

Quando si parla di epidemie questa sproporzione si fa più estrema, infatti una minuscola parte di persone svolge la maggior parte del lavoro. Ci sono persone in ogni segmento, fuori dall'ordinario, e sono loro che devi individuare. Solitamente hanno elementi che le contraddistinguono evidenti, come il grado di socievolezza, la vitalità, l'influenza all'interno di un gruppo. Sono quelli che chiamiamo esperti di mercato o venditori o ancora connettori, dipende dalle loro caratteristiche intrinseche.

Per farti meglio capire ti spiegherò chi erano per noi, nel settore sport all'interno delle palestre, queste figure. Questi ruoli erano ricoperti principalmente da tre personaggi:

- Il proprietario della palestra, quando questa era di piccole medie dimensioni. L'esperto di mercato.
- Il personal trainer, quando queste erano di medie grandi dimensioni. Il connettore e venditore.
- Il ragazzo atleta accentratore che in ogni palestra è presente e raggruppa un numero considerevole di amici che lo seguono. Il connettore e venditore.

Queste tre figure avevano in se tutti gli elementi necessari per far partire un sano contagio e farci raggiungere il punto critico. Abbiamo dovuto studiare come coinvolgerli e poi abbiamo agito per anni, fino a quando, boom, siamo esplosi come un'epidemia.

Fattore presa. Ovvero quando un nostro prodotto o messaggio è dotato di un qualcosa che gli conferisce la capacità di attecchire, di avere un forte impatto, tanto che chi lo riceve non riesce a toglierselo dalla testa. Passiamo tutti parecchio tempo a capire come rendere più contagiosi i nostri messaggi e come raggiungere più clienti possibili.

La parte difficile oggi è sicuramente far sì che il nostro messaggio non scivoli sulla persona raggiunta, come acqua su una roccia e questo risultato lo può ottenere solo un prodotto con un forte effetto presa.

Ti faccio un esempio: tra gli anni Sessanta e Settanta la Esso uscì con una pubblicità apparentemente simile alle altre, ma con una piccola differenza nell'utilizzo dell'articolo, un anziché una. La pubblicità recitava: «Metti un tigre nel motore». Fece scalpore perché grammaticalmente scorretta e provocatoria, ma possedeva un particolare, aveva l'effetto presa.

Ben presto divenne un tormentone che proseguì per i vent'anni successivi in tutte le salse. Ne ricavarono anche un jingle per radio e uno spot televisivo. Ti basti pensare che i miei genitori negli anni Novanta mi raccontavano ancora di quella pubblicità che li aveva tanto colpiti, pensa dopo 30 anni parlavano ancora di quello spot.

Ecco, questo è l'effetto presa in azione. Ricorda quindi che il fattore presa ha modi specifici per rendere memorabile un messaggio contagioso, esistono cambiamenti semplici che possono fare una gran differenza ai fini dell'impatto che essa riuscirà ad avere.

Un secondo esempio, nel 1968 uscì in televisione lo spot di Calimero. Questo piccolo pulcino nero che si disperava perché diverso dagli altri, una volta lavato con il detersivo Ava tornava bianco e lui esclamava: «Ava come lava». Quella pubblicità o meglio ancora, quella frase, ebbe un tale effetto presa che la utilizzarono per decenni e ancora oggi se incontri una persona che all'epoca usufruiva della TV la ricorderà perfettamente.

Come questi ci sono decine di altri esempi di spot apparentemente simili ad altri ma con un effetto presa forte che ha fatto la differenza. Tu devi riprodurre campagne marketing e pubblicitarie che tengano conto di questo essenziale elemento.

Ti racconterò di altri due episodi in cui mi resi conto di aver superato il punto critico. Ti aiuteranno a capirne meglio i meccanismi e a riprodurli. Un pomeriggio io e il mio direttore commerciale Ricky Duranti, stiamo girando i negozi di Milano, per un'analisi del servizio erogato, dopo un week end di corsi. Entriamo nel punto vendita di mia moglie in Via Padova 23 e troviamo lei che sta servendo una signora col marito.

Nel negozio ci sono un altro ragazzo da solo in attesa di essere servito e due aitanti giovani che stanno guardando gli scaffali incuriositi. Ci avviciniamo ai due giovani e chiediamo se possiamo in qualche modo essere d'aiuto. Ci spiegano che sono due personal trainer di una famosa palestra di Milano la Virgin

Active di Bicocca e io rispondo che conosco molto bene la struttura, perché è una famosa catena e anche perché alcuni personal trainer e clienti arrivano proprio da quella palestra.

Si girano entrambi a guardarci e come se fosse la cosa più normale del mondo, ci dicono: «Qualche personal e cliente? Veramente qui vengono tutti!». Io e Ricky incassiamo l'informazione ci guardiamo e sorridiamo. Mi ricordo che usciti da lì non abbiamo fatto che parlare dell'accaduto. Eravamo diventati così importanti all'interno di quel centro che due personal nuovi si erano sentiti in dovere di venire a vedere il negozio di cui tutti i loro colleghi e clienti parlavano.

Abbiamo usato questo esempio per anni e anni nei corsi, raggiunto e superato il punto critico in quella palestra, come in altre, avevamo un marketing da passa parola inarrestabile.

Altro esempio di cosa accade quando si supera il punto critico. Nella primavera del 2009 ero in uno studio legale di Milano centro, per una consulenza fiscale. Stavo aspettando in una splendida sala d'attesa, quando uno dei soci storici dello studio entra dicendomi che voleva conoscermi perché lui era un cliente fisso dei miei negozi.

Mi riempie di complimenti, mi parla per dieci minuti dei miei prodotti, come se non li conoscessi e poi esce dopo avermi stretto la mano. Passano neanche cinque minuti e mi si presenta una segretaria e inizia a raccontarmi di quanto grazie ai consigli di un mio dipendente ha finalmente perso i sei chili che la assillavano da tempo mi ringrazia ed esce anche lei dalla sala d'attesa.

Si apre la porta per la terza volta, mi alzo credendo erroneamente che fosse arrivato il momento del mio appuntamento, invece un ragazzo tirocinante di bell'aspetto mi vede e si illumina, mi viene incontro dicendo che è un onore conoscermi che lui e i suoi amici si allenano tutti i giorni, che è un triatleta e che Vitamin Store lo sta aiutando a raggiungere i suoi obiettivi.

Rimango un attimo spiazzato, piacevolmente colpito, perché sono andato in quello studio, che non conoscevo, per una consulenza e mi ritrovo di fronte a tre clienti entusiasti del servizio ricevuto che si sentono in dovere di comunicarmelo. Questo è ciò che accade quando il tuo brand supera il punto critico, tutto accelera in modo esponenziale. In certi segmenti, se pur piccoli, come quelli dello sport in palestra, avevamo raggiunto una posizione predominante che moltiplicava da sola il messaggio ai nuovi clienti. Operavamo in un segmento ampio, lo sport, ma ci siamo specializzati in un sotto segmento, quello dello sport praticato in palestra, e iper specializzati negli atleti che usavano pesi e attrezzi in palestra e questa scelta è risultata vincente.

Questo è lo sforzo verso il quale dovresti muovere i tuoi passi. Individuare un segmento, anche all'interno di quello più ampio in cui operi e conquistare quella montagna di categoria diventandone il leader. Seminare e lavorare per raggiungere il punto critico, superarlo e vedere il tuo messaggio/idea/prodotto diffondersi come un'epidemia positiva. La soluzione ideale per la tua azienda.

In questi approfondimenti abbiamo visto:

n°16 Come affrontare i problemi

Affrontare sfide insormontabili superandole, fa crescere di livello diventando un imprenditore migliore e, allargando il paradigma, diventando una persona migliore, decisamente più forte.

n°17 Mind setting e cambiamento nel team

E' un processo graduale che richiede tempo e pazienza, ma che nel medio periodo porta dritto al successo.

n°18 Servizio al cliente

Il segreto è far crescere il tuo team di lavoro affinché quando entra in contatto con i clienti lasci questi a bocca aperta per la preparazione e passione.

n°19 Il punto critico/la svolta

Prodotti, idee e servizi si diffondono come fanno i virus. Studia la viralità del tuo messaggio e gli elementi che ne determinano il successo.

Capitolo 6:

Quando meno te lo aspetti

Per qualche anno dal 2006 fino direi al 2010 la crescita dell'azienda è fenomenale. Abbiamo già dei fatturati importanti e cresciamo del 25% e in alcuni anni anche del 35%. Stiamo facendo salti quantici! Abbiamo superato il punto critico, la nostra specializzazione sta dando i suoi frutti.

Essere una catena specializzata per gli utenti delle palestre paradossalmente ci ha fornito così tanta credibilità, da allargare la base della nostra clientela. I clienti adesso sono eterogenei, da quelli che desiderano dimagrire, a chi vuole tonificarsi, a chi desidera più energia, a quello che vuole guadagnare muscolatura.

Stiamo crescendo con numeri impensabili, in quel momento storico, per aziende del mio settore! Tutto fila, le persone sono ben formate e i sistemi di lavoro sono efficienti.

Ma come spesso accade nell'imprenditoria e anche nella vita, le cose possono cambiare velocemente e per due concause, coincidenti nello stesso momento, una nuova sfida si delinea all'orizzonte per essere affrontata. E da lì a breve il Gruppo Vitamin Store sarebbe stato costretto ad affrontarne una enorme, forse la più importante e complessa anche della mia vita.

Due tempeste che facilmente avrebbero potuto cancellare il mio gruppo, così com'è successo a tantissime aziende, anche sane, nello stesso periodo, se non fosse stato per tutto il lavoro svolto fino a quel momento.

La prima tempesta. Sono in società con due soci di capitale che possiedono equity, uno minoritario al dieci percento, con un'ampia esperienza nel mondo bancario italiano e svizzero, e l'altro maggioritario al cinquanta percento, con esperienza più che trentennale, di imprese di successo in Europa e Stati Uniti.

Sono soci di capitale e non entrano nel merito dei processi aziendali che seguo direttamente. Due personaggi di spicco nell'ambito imprenditoriale italiano e internazionale e il loro potere anche economico ci consente di ottenere finanziamenti bancari.

È grazie alle loro firme che siamo riusciti a crescere e, posso dire che, in assoluto, sono state le due persone che hanno consentito di applicare le nuove e adeguate strategie a quell'impresa che avevo fin lì gestito con successo ma limitatamente alle mie sole forze, strategie che hanno aperto la strada a risultati eccezionali.

Ma è proprio uno dei due soci, quello che detiene la maggioranza della mia società, il dottor Carini, che tra il 2009 e il 2010 è tuttavia, anche se indirettamente, la causa principale dei problemi che ci vedono coinvolti e costretti a lottare duramente per evitare il tracollo.

Lui possiede circa dieci aziende nazionali e internazionali con alcuni soci, e uno di loro, un bravo imprenditore lombardo, è comune in otto di esse, fanno praticamente coppia fissa. Entrambi impegnati nel settore zootecnico sono specializzati nell'allevamento e selezione di maiali e nella produzione del prosciutto crudo italiano nella zona di Parma.

Entrambi sono imprenditori di altissimo livello, ma il socio del mio socio ha un ulteriore vantaggio, perché appartiene a una famiglia bresciana d'imprenditori di un livello superiore da ben due generazioni.

Questo è il motivo che ha spinto Carini a farlo diventare socio, anche lui, come ho fatto io in Vitamin Store, affiancando il membro di una famiglia estremamente importante, ha potuto da una parte accedere a finanziamenti e liquidità per espandere e migliorare la qualità delle sue aziende e dall'altra avere una controparte di livello còn la quale confrontarsi, per la stesura delle strategie a medio e lungo periodo.

Spesso noi imprenditori siamo soli nelle scelte e avere un pari col quale confrontarci proprio sulle strategie è un'abitudine vincente... di solito. Ebbene, pensa cosa può accadere in un'azienda e quanti problemi possono partire da lontano, fuori dal nostro controllo.

In una delle loro attività produttive di suinicoltura la Vapor con sede a Cannara nell'Umbria, accade un incidente, uno di quei problemi che a volte nelle aziende accadono. Si rompe una cisterna che contiene i liquami di scarto, che vengono eliminati tramite un apposito consorzio una volta al mese, proprio poco prima di essere svuotata e quindi nel momento di massimo contenimento.

I liquami fuoriescono prima che si possa intervenire e arrivano a inquinare il fiume che passa a pochi metri dall'azienda agricola. L'azienda finisce immediatamente sotto indagine, insieme ad altre del settore che utilizzano lo stesso sistema di smaltimento e fanno parte dello stesso consorzio. Alla fine sono sessanta le aziende coinvolte nell'inchiesta coordinata dal pm perugino e per alcune di loro, tra le quali quella partecipata dal mio socio, vengono apposti i sigilli.

E qui inizia una via crucis, perché devi sapere che quell'azienda è sana, dà lavoro a tanti operai, è una piccola chicca italiana, e la rottura della cisterna è davvero unicamente imputabile a un caso fortuito. Come ben immaginerai la burocrazia non va, però d'accordo con le esigenze imprenditoriali, e vengono imposti i sigilli all'azienda, per consentire le indagini più approfondite.

Già questo di per sé crea un momento di difficoltà per l'azienda, ma i problemi diventano veramente seri quando dopo sei mesi ancora le indagini non sono concluse. Come qualsiasi altra impresa l'azienda è esposta finanziariamente con le banche e nel momento in cui la difficoltà determinata dal blocco della produzione e il conseguente giro di lavoro vede uno stop importante e l'azienda ha maggiore necessità di appoggio, la banca di riferimento inizia a fare pressione.

L'istituto di credito è esposto per capitali importanti, come spesso accade quando i nomi in gioco sono quelli di famiglie con patrimoni mobili e immobili estremamente rilevanti, e la banca fa la sua mossa. Chiede alla Vapor di rientrare del fido concesso. Il socio di riferimento e amministratore delegato, nonché socio del dottor Carini, viene preso di mira come diretto responsabile della società.

A questo punto tutti e due i soci della Vapor intervengono con i loro capitali personali, ma riescono a coprire l'esposizione solo in parte perché, proprio in quei mesi hanno investito qualche milione di euro personali in una nuova attività di produzione di bio gas e quindi mancano della liquidità sufficiente per coprire completamente l'esposizione.

Da una parte la banca vede la società in difficoltà e cerca giustamente di recuperare i propri capitali, dall'altra i soci cercano di arginare il tracollo finanziario immettendo liquidità sui conti, ma non basta, la spirale si fa sempre più stretta e il nome dell'amministratore, nonché socio di riferimento della Vapor e quello di Carini suo socio di capitali, vengono segnalati come in difficoltà.

Tutto questo fa partire un tecnicismo, chi ne capisce di banca sa di cosa sto parlando, un warning interbancario. I miei soci risultano come cattivi pagatori perché non in grado di rispondere completamente alla richiesta della banca di rientrare dell'esposizione, c'è tensione fra quest'azienda, i soci titolari e la banca. Una tensione che viene portata all'attenzione del mondo bancario e anche il gruppo del socio del dottor Carini inizia a vacillare, perché tutte le banche che lo hanno sostenuto cominciano a chiedere il rientro dei fidi, se pur parziale ma sempre un rientro per centinaia di migliaia di euro.

Una famiglia sana Italiana che si trovava in ottime condizioni con un patrimonio tre volte superiore ai propri debiti, inizia a essere in crisi perché se tu togli liquidità a un imprenditore e a tutte le sue imprese, ovviamente entra in crisi! Peccato però che questa persona avesse in comune col mio socio ben otto aziende e che questa tensione abbia trascinato nel vortice anche tutte queste attività.

Sono bastati ventiquattro mesi perché una crisi nata in Umbria, da una società di cui non conoscevo nemmeno l'esistenza, con un socio di maggioranza e amministratore, che avevo incontrato solo due volte in vita mia, riuscisse a trascinare nel baratro anche la mia creatura.

Sì, perché quando il dottor Carini è stato segnalato a sua volta, alle banche non importava che l'azienda Vitamin Store fosse sana e nemmeno che stesse crescendo a due cifre da ormai cinque anni, ciò che importava, giustamente dal loro punto di vista, un po' meno dal mio, era diminuire l'esposizione verso un potenziale pericolo.

Una volta entrato in crisi il gruppo del dottor Carini a catena anche Vitamin Store si trova quindi a dover fronteggiare le banche che chiedono il rientro dei finanziamenti concessi. Immagina come mi sentivo pensando che un incidente nato da lontano, da una azienda che neanche conoscevo, gestita dal socio del mio socio, in soli due anni, stesse modificato completamente il mio rapporto con le banche, che fino a quel momento era stato perfetto!

A onor del vero devo aggiungere un elemento di rilevanza nazionale, perché quando le sfortune s'incrociano creano una sinergia distruttiva senza precedenti. Infatti il sistema bancario italiano in quegli anni (2008-2010) stava affrontando un periodo nero di carenza di liquidità senza precedenti. Molte stavano ricapitalizzando, dopo aver portato a perdita ingenti crediti inesigibili, ed erano in un periodo di incertezza profonda.

Basilea II, che era un accordo riguardante appunto i requisiti patrimoniali delle banche, in base al quale le banche dei paesi aderenti devono accantonare quote di capitale proporzionate al rischio assunto, valutato attraverso lo strumento del rating, firmato appunto a Basilea qualche anno prima, era entrato in vigore da un anno. Questo aveva messo una pressione icredibile sugli istituti di credito, pressione aumentata con l'assunzione di Basilea III nel 2010. Insomma non un buon periodo per noi imprenditori.

Mi ritrovo quindi con un'azienda sana, in piena espansione, alla quale viene richiesto di rientrare di una buona parte dei finanziamenti ottenuti e ovviamente impiegati. Senza un motivo apparentemente reale, il tutto è partito dal socio del mio socio e... puoi immaginare.

Abbasso la testa, inizio a lavorare ancora più intensamente di quanto fatto fino a quel momento, e comincio a spremere la mia azienda per riuscire a rispondere positivamente alle richieste di rientro, se pur parziale, delle mie banche e non entrare in quel circolo vizioso di tensione in cui erano caduti invece il dottor Carini e il suo socio.

Lavoro, lavoro duramente e in due anni rientro quantomeno della parte richiesta con sollecitudine dagli istituti. Per farlo ho però ridotto la disponibilità aziendale e un'azienda che sta crescendo ha necessità di liquidità. Tutto questo inizia a mettermi in difficoltà.

La seconda tempesta. Un uragano di quelle dimensioni che ti arriva addosso è già sufficiente, ma in quel periodo, come ti ho accennato a inizio capitolo, e quando meno te lo aspetti, come recita il titolo, ne arrivano due contemporaneamente.

E questa è una storia che devi leggere attentamente, perché potrebbe fornirti spunti per superare a tua volta l'uragano, qualora dovessi incontrarne uno. Perché le aziende prima o poi si trovano in mezzo a una tempesta e di solito avviene, quando meno te lo aspetti.

Devi sapere che con i miei soci qualche anno prima avevamo investito dei capitali comprando un'impresa operante nel nostro stesso settore. Un amico e collaboratore stretto, che ha lavorato per me per circa quindici anni, aveva appena fondato una società di creazione e distribuzione di integratori, specializzata in sport quali il nuoto e le arti marziali, quindi complementare ai nostri prodotti e sapevo che l'azienda stava andando bene.

Ne avevamo rilevato il 51%, la controllavamo e avevamo lasciato come amministratore unico il precedente titolare, nonché mio fidato amico. Era una realtà interessante perché nostra concorrente, ma in segmenti complementari e l'avevamo acquistata, come si fa a volte in questi casi, non per toglierla dal mercato, ma per espanderla e farla crescere.

Sì, perché aveva una gamma di prodotti che ci necessitavano, non erano in primis legati esclusivamente alla vendita tramite negozio, come lo eravamo noi, e aveva una rete di agenti specializzata in altri sport con distribuzioni in bar, centri sportivi e palazzetti dello sport, ci avrebbero permesso di ampliare la capacità distributiva anche in altri settori. Il gruppo Vitamin Store distribuiva, infatti, esclusivamente nella catena Vitamin Store, pertanto le espansioni parallele ci interessavano.

Ti ricordo che sono da poco uscito dal primo uragano, pertanto ho i nervi scoperti, riguardo numeri e conti che devono tornare al centesimo, oggi più che mai rispetto ad altri momenti storici.

Ebbene con questo stato d'animo un giorno, mentre eseguo un controllo di routine sui conti della società che controlliamo, mi accorgo che alcuni numeri di base non quadrano. Li inserisco più volte in uno schema di controllo, che avevo realizzato anche per il mio gruppo, e che usavo per capire se settimanalmente prima, mensilmente poi e trimestralmente alla fine, i numeri coincidevano tra previsionale e reale. Detto in altri termini controllavo che entrate e uscite che avevamo previsto venissero rispettate.

Scopro una cosa strana, che apparentemente non ha spiegazione alcuna, ovvero i previsionali sono tutti coerenti con la realtà, addirittura le entrate superavano del venti percento le previsioni, ma nei conti bancari della società avevamo una tensione inaspettata. Controllo allora gli incassi, chiamo tutta la rete vendita e scopro che i clienti sono nella norma tutti buoni pagatori puntuali e precisi, un bel dilemma perché è come se gli incassi non corrispondessero realmente alle fatture emesse.

Non ci dormo sopra, prendo l'auto e vado immediatamente a Terni dove aveva sede la società del mio amico, che avevamo acquisito e lo incontro. Lui all'epoca era per noi ancora l'amministratore unico, con piena fiducia da parte nostra, quindi la persona indicata a fornire spiegazioni e quindi gliele chiedo.

Le risposte sono vaghe, spiega che necessita di qualche giorno per un'analisi più precisa e io gli voglio credere, lo voglio con tutto me stesso, lo saluto prendo l'auto e me ne torno a Milano ma, con un senso di pesantezza sul cuore che non avevo mai provato prima. A volte se fossimo in grado di dare retta al nostro sub conscio ci risparmieremmo molte grane, e vedrai, purtroppo per me, quanto sia vero nel proseguo di questo racconto (trovi un lungo approfondimento scaricabile direttamente da www.metodoimprenditorelibero.com).

La settimana successiva si presenta da me con il suo commercialista mostrando tutte le pezze giustificative, confutando comunque ancora in modo poco chiaro le mie obiezioni. Ne parlo con il mio socio di maggioranza e lui decide che la cosa migliore da fare sia che se ne occupi lui direttamente, chiedendomi di farmi da parte.

Ora in una situazione normale non l'avrei permesso, ma il dottor Carini era uomo di spessore, con molta esperienza imprenditoriale, aveva all'epoca circa cinquantacinque anni ed era il mio socio di maggioranza, quindi con tutte le raccomandazioni del caso, mi faccio da parte e lascio a lui il compito di seguire l'evolversi del caso, con i suoi consulenti.

Ancora qualche mese e purtroppo ci ritroviamo nella stessa situazione. I conti che non quadrano e alcuni numeri che non risultano corretti. I conti bancari sono in tensione e allora, dietro pressione dell'amministratore, che è ancora il mio amico storico, il mio socio Carini e io immettiamo liquidità aspettandoci una normalizzazione, che però non avviene.

Qualcosa scricchiola sempre più. Insomma la fiducia reciproca è saltata e decidiamo di sollevarlo dall'incarico di amministratore ma lui si oppone fermamente contrastando i nostri tentativi di sistemare la questione e prendiamo la dolorosa decisione e andiamo per vie legali. Impieghiamo un anno a sollevarlo dall'incarico.

Nel frattempo ci presentiamo in tutte le banche che avevano affidato questa società, grazie alla firma di garanzia di Vitamin Store, che essendo socia di maggioranza ed economicamente più importante, firmava e garantiva gli affidamenti bancari.

Scopriamo che in ognuna delle banche con cui l'azienda ha fin lì lavorato è stata generata una truffa colossale. Le fatture, per chi non lo sapesse, vengono scontate in banca e una parte, l'ottanta percento, viene anticipata per consentire all'azienda di operare sul mercato prima dell'incasso della fattura emessa e avere liquidità a disposizione.

Ebbene questo processo era stato utilizzato in maniera truffaldina. L'amministratore, ormai consapevole di avere i giorni contati, aveva presentato all'incasso le stesse fatture più e più volte incassando importi ben superiori a quanto avrebbe potuto e dovuto. Andammo in una banca, per scoprire che, su circa 250.000 euro di fatturato portato allo sconto, solo 60.000 era reale e veritiero.

E quest'operazione era stata ripetuta in ognuna delle quattro banche con cui Vitamin Store, si era fatta garante. Insomma una truffa per centinaia di migliaia di euro. Anche se Vitamin Store è un'entità giuridica riconosciuta ed è lei ad aver firmato come garante per la partecipata, ovviamente sono le persone che la dirigono e detengono, a essere poi mira della pressione bancaria e quel ruolo era ricoperto, dal mio socio, ma soprattutto da me.

Il tutto avveniva contemporaneamente alla crisi di liquidità bancaria, per cui gli istituti di credito veramente avevano difficoltà ad assecondare le esigenze regolari degli imprenditori in quel periodo, figuriamoci quelle extra sorte da un incidente prodotto da noi stessi. A questo aggiungi che il mio socio di maggioranza, pilastro della mia sicurezza fino a quel momento, era sull'orlo del fallimento perché il suo socio storico a sua volta stava fallendo.

Questi i due tsunami che tra il 2009 e il 2011 mi sono trovato ad affrontare contemporaneamente. Devo dire che è stata molto dura. Un colpo dietro l'altro mi hanno messo praticamente in ginocchio, le giornate più terribili della mia vita vissute insieme ai soci, collaboratori e ai dipendenti.

192

Sì, hai capito bene. Anche con i miei dipendenti perché con loro ho sempre avuto un rapporto molto diretto, le cose le ho sempre raccontate e ho subito spiegato loro cosa stava accadendo. Ovviamente erano al corrente del primo problema che stavamo superando, ovvero il periodo nero del nostro socio di riferimento, ne avevamo già parlato con tutti i reparti e uniti con sacrifici ne stavamo uscendo. Adesso però con questo secondo colpo non sapevo bene cosa sarebbe accaduto.

Ricordo il giorno che li ho convocati tutti nella stessa stanza, per raccontare loro che avevamo individuato una truffa, perpetrata dalla nostra società partecipata ai danni delle banche e che avrebbe avuto ripercussioni anche su di noi. Ho assicurato che avrei provato fino alla fine a uscirne ma, lo dovetti dire, avremmo potuto anche fallire!

Mi guardavano come sempre in cerca di conferme, ero il loro leader, li avevo guidati per anni al successo e ora non ero più in grado di fornirgli garanzie per il futuro. Avevo deciso di dire la verità e posso dirti che è stata dura guardarli negli occhi mentre spiegavo cosa sarebbe potuto accadere, ma oggi sono ancora convinto di aver fatto la cosa giusta, nel renderli partecipi.

Li ho sempre trattati come collaboratori coi quali discutere e così ho fatto anche quella volta, anche se i loro occhi esprimevano una preoccupazione incontenibile. E comunque quello fu nulla rispetto alla sfida che mi attendeva a casa...

Ancora più devastante il momento in cui ho fatto sedere mia moglie davanti a me, la mia compagna con la quale tutto era partito vent'anni prima, colei che non solo aveva assistito alla mia ascesa, ma vi aveva partecipato attivamente. Natasha, vista la bellezza di ciò che avevamo creato insieme e la mia inesauribile energia, credeva che la società non fosse arrestabile, ma dovevo raccontarle i fatti. Nell'arco di due anni tutto si stava trasformando.

Da un'azienda e famiglia di successo, rischiavamo veramente il collasso di tutto. Perché? Perché da una parte c'è un socio coinvolto nel fallimento di un gruppo, dall'altra le banche sono in crisi, dall'altra ancora una società che hai acquisito ha organizzato una truffa bancaria, che noi dovremmo appianare, capisci che saltare per aria è un attimo!

Un fallimento avrebbe trascinato la mia famiglia nei problemi, perché come tutti gli imprenditori avremmo perso i beni che erano a garanzia dell'azienda, oltre a tutta la liquidità che io e i miei soci avevamo messo e ancora stavamo immettendo nel gruppo Vitamin Store, per salvarlo e tenerlo a galla.

Questa è la realtà che mi sono trovato a vivere in quei ventiquattro lunghi mesi. Insomma due anni veramente complessi, ma posso dirti ora, con il senno del poi, che anche quei momenti, i più bui della mia vita, quelli in cui sia io che mia moglie non riuscivamo ad accettare, quei momenti in cui eravamo talmente preoccupati per la maggior parte del giorno che faticavamo a dormire la notte, anche quei giorni terribili sono serviti.

Eccome se sono serviti. Perché aver dovuto guardare mia moglie negli occhi e dirle che avremmo potuto perdere anche casa e avremmo dovuto ricominciare da zero, comunque è servito. A me per accettare quella realtà, e a entrambi per capire che tutto può accadere da un momento all'altro e quindi se tutto può accadere, non dai più le cose per scontate.

Inizi a godere la quotidianità e i piccoli momenti che compongono la vita in maniera più intensa, inizi a capire che sei una persona fortunata, che quello che hai in quel momento, una bella famiglia, una bella casa, delle belle auto, un bel lavoro, degli splendidi dipendenti, fantastici collaboratori, è un dono. Qualcosa di cui essere grati e lì capisco che le mie attività, la mia famiglia e la mia vita sono un dono di... chiamalo Dio, Universo, e, perché no, anche delle mie capacità.

Quel giorno entro definitivamente in contatto con la gratitudine (trovi un lungo approfondimento scaricabile direttamente da www.metodoimprenditorelibero.com).
 Anche se sto rischiando di perdere tutto quello che ho costruito, e ci sono davvero vicinissimo, proprio per questa ragione ne comprendo l'importanza.

Quindi? Come va a finire ti chiederai. Succede questo. Anziché disperdere energie a preoccuparmi e ancor peggio a lamentarmi, mi concentro sui miei dipendenti e collaboratori.

Incremento in maniera importante la formazione. Abbasso la

testa, e creo nuovi corsi formativi, sempre più specifici e performanti e invece che erogarli a livello nazionale, quindi con un maxi incontro una volta l'anno, inizio a condurli a livello regionale. M'impegno a organizzare cinque o sei incontri sul territorio, aggregando due o tre regioni per volta. In questo modo sono continuamente in contatto con loro.

Addestro personalmente tutto il personale e i collaboratori dei vari punti vendita Vitamin Store italiani. Corsi uno dietro l'altro, uno ogni due mesi, e tengo tutti uniti tramite la formazione in aula, siamo in contatto continuo. E quando i due uragani si stanno per scontrare e quindi stiamo per subire il più grosso contraccolpo della storia, cosa faccio?

Cinque mesi prima organizzo una mini crociera di tre giorni per tutti i collaboratori e affiliati. La crociera la organizzo affinché siamo sempre tutti insieme, in ogni momento, viviamo quell'esperienza come giornate divertenti di aggregazione. Cerco una nave piccola ma molto bella.

Fin dalle prime ore del mattino tengo un mega-corso formativo nella sala che abbiamo a disposizione sulla nave. Pranzo nella zona a noi riservata e poi sbarchiamo per un giro nella città per tornare sulla nave e allenarci in palestra, doccia e cenare ancora tutti assieme, uniti. E il mattino dopo via con un altro corso.

Hai capito l'aspetto importante di tutto questo? Non ti sto dicendo che ho trovato nuovi finanziatori e nuovi soldi, per uscire dalla crisi. Ti sto dicendo che ho trovato nuove forze. Nuove forze in me e la forza maggiore l'ho trovata nel compattare e unire ancora di più tutti i miei collaboratori e dipendenti.

In più ricordati che il grosso lavoro lo avevo già fatto prima, perché erano anni che facevamo corsi, ero circondato da persone di un livello superiore rispetto alla media ed erano anni che stavo creando sistemi per cui ognuno dei miei collaboratori faceva parte di un sistema che spesso dirigeva. Ero pertanto circondato da decine se non centinaia di microimprenditori di successo.

Questa è stata la chiave di svolta che ha permesso al mondo Vitamin Store di uscire con le proprie gambe dalla crisi del secolo. Immaginati due uragani giganti che si scontrano insieme e

198

noi eravamo in piena tempesta. Ne siamo usciti orgogliosi con le nostre forze grazie a tutto quello che ti ho raccontato in questo libro. Grazie a tutto il lavoro fatto negli anni precedenti. Immaginati cosa sarebbe accaduto se non fossimo stati preparati.

Ed è per questo che ti esorto, quando aprirai una tua azienda, che tu sia da solo, con la tua famiglia, con i primi dipendenti, o anche se già possiedi un'azienda strutturata con un certo numero di collaboratori, di seguire i passi di questo libro.

È fondamentale che tu capisca che, anche se in questo momento le cose stanno andando bene, devi far crescere la tua azienda e per farlo devi crescere tu come persona, senza mai smettere di farlo. Devi far crescere i tuoi collaboratori, farli diventare persone migliori, devi unire lo staff, perché le sfide sono disseminate lungo il cammino, sono parte stessa del processo di un'azienda, come le buche nelle strade, percorrendo chilometri prima o poi le incontrerai.

Addestrati e addestra la tua ciurma al mare grosso, col mare piatto siamo tutti bravi marinai, ma i vichinghi sono diventati tali nelle tempeste. Prima o poi un uragano, anche di natura inferiore rispetto a quelli che ho dovuto superare io nella mia vita, mi auguro, lo incontrerai e in quel caso sarai pronto, con una ciurma ben addestrata a superare la tua tempesta e navigare verso la tua nuova isola!

Capitolo 7:
Costruisci il tuo lieto fine

A questo punto anche se un po' con le ossa rotte e scricchiolanti siamo veramente usciti dall'occhio del ciclone. Rialziamo la testa e ci mettiamo a lavorare sodo. Sono anche gli anni in cui divento papà. Per tanti anni ho cercato dei bimbi e finalmente è arrivata la luce dei miei occhi, la mia prima bimba.

Già diventare papà di per se è un avvenimento grandioso, a tutte le età, e se tu l'hai provato capisci di cosa parlo, ma avere avuto la fortuna di essere cresciuto interiormente e aver imparato che le gioie della vita vanno vissute e godute appieno, il tutto sommato a otto anni, tanto abbiamo impiegato ad avere la prima bimba, beh, mi ha fornito gli strumenti per comprendere a fondo quanto fossi fortunato.

E da lì a poco più di venti mesi, arriva anche la seconda gioia, la mia seconda bimba. I due doni sono arrivati, tanto attesi e desiderati, nella mia famiglia e io sono profondamente cambiato interiormente. Sono diverse quindi anche le mie priorità.

Fino a prima di diventare papà il mio mondo ruotava intorno alla creatura Vitamin Store, alla palestra, allo sport in generale, e alla mia amata moglie. All'arrivo del doppio dono, mia moglie, che come me aveva compiuto il suo percorso di crescita, era all'epoca proprietaria di tre Vitamin Store nella città di Milano, tre attività ben avviate e cresciute come dei figli, con tanta fatica e amore.

Decide di cederle ai propri dipendenti, i quali accettano di buon grado, vista la bontà dell'operazione, in questo modo può avere più tempo da dedicare alle bambine. Credo che, per una donna che diventi mamma, sia un desiderio naturale e un processo che, se possibile attuare, venga spontaneo.

Quello che forse è meno consueto è che il papà provi le stesse emozioni, lo stesso irrefrenabile desiderio di stare con loro. Sono un quarantenne, un uomo consapevole del dono che sta ricevendo. Ho imparato ad apprezzare le cose prima che vengano a mancare, ad apprezzarle a prescindere, e, come dicevo, dei figli li apprezzeresti in ogni caso, ma nella mia situazione li apprezzo veramente come un regalo divino.

Decido che voglio vivere vicino alla mia famiglia, a mia moglie e alle mie figlie e passare con loro la maggior quantità di tempo possibile. E il modo migliore per farlo è vendere la mia attività. Vendere l'attività, tranquillizzarmi, magari creare qualcosa di più piccolo in futuro e stare vicino alla mia famiglia. Così agisco. Indico una riunione, spiego ai miei due soci di capitale quali sono le mie intenzioni per il futuro e loro accettano.

Esistono dei professionisti che per mestiere si occupano di vendere le aziende, normalmente sono dei dottori commercialisti specializzati chiamati advisor finanziari. Ne contatto uno bresciano di rinomata capacità, che per prima cosa si prende tre mesi per analizzare l'azienda, i numeri e la struttura. Realizza un'analisi completa, dopo di che individua, in giro per il mondo, grossi gruppi internazionali che possano avere interesse verso Vitamin Store.

Lo scopo è di organizzare una exit, cedere cioè l'equity aziendale in parte o completamente. Io da parte mia mi muovo. Ricordi che avevo prodotto una linea di integratori made in USA realizzata nello stato di New York? Bene il proprietario di quell'azienda ha sempre dimostrato interesse verso la mia organizzazione, era rimasto abbagliato dalla nostra efficienza e dal modo in cui avessimo sempre superato ogni ostacolo incontrato, e quando gli presento l'opportunità di rilevare una fetta rilevante del 40% della casa madre, manifesta subito attenzione.

In sintonia con il nostro advisor, porto avanti la trattativa con gli Usa, mentre lui sviluppa i contatti con un grosso gruppo francese e una multinazionale italiana. Tutte e tre le società si dimostrano interessate all'operazione e quindi procediamo con la seconda fase di approfondimento.

Ma qual è l'aspetto importante, di questo passaggio, che voglio sottolineare? A questo punto del libro, spero ormai di averti portato nei miei processi, e che tu capisca cosa voglio dire prima che lo esprima, ma per chiarezza voglio provare a evidenziartelo con una domanda. Cosa accade se durante la tua vita imprenditoriale hai desiderio di cedere ciò che hai creato per fare dell'altro?

Per esempio vuoi vendere perché hai nuovi interessi, per l'arrivo di figli, perché ti sposi, perché vuoi trasferirti all'estero, perché vuoi lavorare di meno, perché c'è un uovo settore che ti intriga, perché un tuo amico ti propone di creare un'attività su una spiaggia che hai sempre sognato. A quel punto sarà fondamentale che la tua attività sia vendibile e quindi appetibile per il mercato! Allora leggi attentamente le ultime righe e cerca di assimilare l'intero metodo.

Vitamin Store in questo momento è una bella società attiva, leader della sua nicchia di mercato, gestisce una propria montagna di categoria, consolidata nella struttura, ha superato tempeste notevoli e cosa importante, siamo interessanti per gli investitori esteri. Come può un imprenditore italiano essere interessante per degli investitori americani, francesi o una multinazionale italiana?

Creando sistema, automatizzando l'azienda, formando il personale e creando quella mentalità di gruppo unito che fa la differenza. Solo così sarai in grado di creare sistemi che consentano ai tuoi collaboratori di portare avanti tutti i processi aziendali, senza necessitare della tua presenza fissa.

Esattamente come ho fatto nei vent'anni precedenti. Ho creato un gruppo autosufficiente, che porta avanti l'azienda in modo autonomo e assolutamente produttivo. Ogni dipendente e collaboratore è un leader integrato nell'azienda che lavora e si coordina come se fosse il proprietario del suo ruolo, con i suoi pregi e difetti, con la sua fantasia e i suoi limiti, ma l'assetto mentale è quello di un leader.

Con questo non voglio dire che io non servissi più, restavo sempre il loro leader, ero sicuramente rimasto una figura importante all'interno dell'impresa, ero colui che sviluppava nuove idee, ma l'azienda aveva dei processi che andavano avanti indipendentemente da me.

A questo devi aggiungere che Vitamin Store era riuscita a scalare una propria montagna di categoria dove era leader assoluta. Tutto questo è fondamentale, sia per andare bene, tanto che per vendere la tua attività qualora decidessi di volerlo fare. Soprattutto se vuoi venderla totalmente.

Tra le varie opzioni scegliamo quella italiana, perché è una grande azienda di una grande famiglia, perché parlano la nostra lingua e perché tutti i dipendenti hanno ricevuto la garanzia di poter continuare a lavorare per il gruppo che abbiamo creato insieme. Portiamo avanti la trattativa con la multinazionale che è quotata in borsa per cui riceviamo una due diligence importante perché, quando sei quotato in borsa, ci sono tutta una serie di controlli che devono essere eseguiti da società di revisione.

Per nove mesi il Gruppo Vitamin Store viene esaminato, verificato, controllato e passato al setaccio sotto tutti gli aspetti e, guarda un po', superiamo tutte le verifiche e di lì a un anno, nel 2013 giungiamo al closing e vendiamo completamente l'azienda.

Ho chiesto di rimanere socio del nuovo progetto, per mantenermi attivo in quel mondo che mi ha visto protagonista per un quarto di secolo e perché, diciamocelo, desideravo fortemente restare in contatto con tutti i collaboratori che con me sono cresciuti, anche in minima parte, mi sarei accontentato di una percentuale ridotta, ma le società in borsa non possono comprare aziende al cui interno nell'equity ci siano persone private. È troppo complesso e non funziona per cui devo fare una cessione totale.

Nel 2013 l'exit. Lo presentiamo alla borsa ed esco definitivamente da Vitamin Store. Così cedo tutto, raggiungo l'obiettivo e divento libero, libero di passare tutto il tempo che desidero con la mia famiglia.

Poiché desidero più di ogni altra cosa, aiutarti nel processo di strutturazione aziendale, con il mio metodo imprenditore libero, mi permetto di sottolineare nuovamente i due aspetti principali, che mi hanno permesso, prima di vivere una vita imprenditoriale piacevole piena di tempo libero e soddisfazioni e successivamente quando l'ho desiderato, di realizzare l'exit e dedicarmi ad altro.

Primo aspetto da coltivare nel tempo: Il personale che lavorava con me era talmente formato da essere veramente impattante. Era scioccante parlare con loro per quanto fossero appassionati e competenti e per quanta forza personale riuscissero a trasmettere. Ognuno di loro nel tempo, è divenuto leader della propria posizione.

Secondo aspetto da implementare: La società era rodata e funzionava come un orologio svizzero. Tutto ciò che poteva essere sistematizzato lo era.

Questi due elementi sono fondamentali per creare aziende di successo e portarle, qualora lo desiderassi, a essere vendute. Certo impiegherai del tempo, prima per crescere tu e poi per portare tutti a un livello di autocoscienza sufficiente a divenire una forza, ma questa è la strada.

Quando i tuoi collaboratori si muovono come dei leader, indipendentemente dal loro ruolo, allora capisci che sei nella giusta direzione. Le vibrazioni che sarete in grado di emettere attireranno altre persone come voi e contemporaneamente allontaneranno quelle troppo diverse. È un processo magari lento che impiega anni a dare i suoi frutti, ma quando arrivano, non c'è nulla che possa fermarti e la mia storia ne è una riprova.

Creare un'azienda è come scolpire un'opera d'arte, non puoi

pensare di farlo in una settimana, impiegherai degli anni, anni in cui sbaglierai e fallirai. Permettiti di sbagliare, permettiti di imparare. Se avrai la forza di seguire la strada che ho tracciato per te in queste pagine, vedrai che comprenderai cose che oggi ti sono poco chiare, nebulose, ma andando avanti i pezzi del puzzle si incastreranno e tutto diverrà più evidente.

Crea la tua opera d'arte, il tuo capolavoro, la traccia del tuo passaggio, non importa quanto grande sarà, importa quanto amore ci metterai. Quindi buon viaggio amico mio, tu sei il prossimo eroe che intraprende l'ardua strada del successo, che non è per tutti, ma evidentemente per te sì!

Emanuele Rissone

La sento, la domanda che ti aleggia in testa. Bella la tua storia, ma oggi cosa fai? Va bene, non ti lascio senza un epilogo rapido. Sono stato due anni a godermi le piccole principesse e ad affiancare l'azienda nel passaggio alla nuova proprietà. Dopodiché ho trovato un nuovo segmento, questa volta nella green economy, che mi ha fatto nuovamente battere forte il cuore.

E, grazie alla mente che mi ero creato nei venticinque anni precedenti, sono riuscito in poco tempo a strutturare una nuova realtà che si occupa di creare foreste di bambù gigante. Ho tanti nuovi soci da diverse parti del mondo, la globalizzazione mi permette di comunicare ovunque e sto attirando tantissime belle persone e belle menti.

Nei primi tre anni abbiamo creato già venti società agricole, con centoventicinque soci sparsi nel globo e una holding che le partecipa tutte e le coordina nella crescita. Il progetto si chiama Forever Bambù. Insomma non male in soli tre anni e tutto questo grazie al processo che in questo libro ti ho tanto finemente dettagliato.

Studialo e rileggilo se ne senti il bisogno, oppure usa gli audio che ti permettono di ripassare facilmente i concetti che desideri approfondire. Li trovi su www.metodoimprenditorelibero.com .

Porta avanti la tua crescita perché è l'investimento più proficuo e duraturo che tu possa fare, per te e le persone a cui tieni!

I miei collaboratori e dipendenti? Beh, li sento ancora spesso e tutt'oggi in occasioni speciali ricevo da loro, meravigliosi attestati di stima che mi riempiono il cuore. Ti auguro di leggere presto apprezzamenti simili su di te, perchè sono la riprova che stai navigando nella giusta direzione e costruendo qualcosa di speciale e duraturo.

Ancora buon viaggio amico mio.

Conclusione

Caro amico, scusa se uso questa forma così amichevole, ma se sei arrivato in fondo a questo mio lavoro, mi pare che adesso almeno un po' ci conosciamo.

Grazie per esserti messo in gioco con questo mio strumento, è stato per me un onore poterti guidare all'interno di questi complicati e a volte divertenti passaggi. Lascia che a nome di tutti gli imprenditori italiani, che rendono grande il nostro paese, ti dica grazie per aver deciso di imprendere, se stai per iniziare, grazie per aver deciso di andare avanti, se sei già un imprenditore.

Sono fiero di far parte di questi guerrieri moderni e molto ma molto eccitato di veder nascere e svilupparsi la tua idea. Infatti sono assolutamente convinto che, sotto la corazza protettiva che ti sei formato in questi anni per difenderti dalle considerazioni degli amici che ti circondavano, dai genitori, dai media, dai luoghi comuni e da parte dell'istruzione scolastica, si celi una splendida stella e come tale, una volta ripulito da alcune idee limitanti, tu potrai brillare ancor più di luce propria!

Vorrei dedicare queste righe finali alle persone che mi hanno aiutato a divenire ciò che sono oggi.

Angelo Rissone, il mio papà. Con il tuo esempio mi hai guidato consapevolmente e inconsapevolmente, per tutti gli anni della mia formazione imprenditoriale. Sei tu che mi hai trasmesso la passione per l'impresa.

Fanny Fuzio, la mia mamma. Con il tuo amore e appoggio mi hai sempre spronato ad andare avanti aiutandomi a crescere quando ero un ragazzino.

Naty, mia moglie, Maya e Amira, le mie principesse. Voi siete una fonte infinita di ispirazione. Ho perso il numero delle volte che io e te, moglie mia, insieme abbiamo affrontato e superato qualche sfida colossale. Mi sei vicino sempre nella buona e nella cattiva sorte, esattamente come ci siamo promessi in quella caldissima estate del 2003. Grazie. Ora so con certezza che il motore turbo, che spesso utilizzo per accelerare nella vita e nel business, è alimentato dal tuo amore.

E voi due mie piccole pesti, che ogni giorno di più vedo crescere, voi mi avete fornito una nuova visione, ora sono in grado di guardare a un futuro lontano, in cui sarete voi a guidare i vostri figli e a condividere i segreti del vostro successo, per aiutare tante persone a vivere la vita che hanno sempre sognato.

Extra Bonus

Mi è sempre piaciuto, fin da quando ne ho memoria, sorprendere gli amici e le persone a me care, con un regalo o un pensiero, qualsiasi esso fosse, il drive che mi guidava era fare una sorpresa. Ebbene con lo stesso spirito, spero di farti una gradita sorpresa con questa parte aggiuntiva.

Semplicemente sentivo il desiderio di aggiungere altre informazioni utili al tuo successo.

Così come all'epoca feci, con i gestori dei Vitamin Store, così oggi vorrei fare con te, ovvero offrirti la possibilità di prepararti a 360° su aspetti che ad una prima analisi potrebbero sembrare, non direttamente collegati all'impresa, ma che in realtà sono parte integrante del tuo processo di crescita.

E se è vero, così come credo, che la tua crescita favorirà la crescita della tua attività, allora ti saranno molto utili. Con questo spirito ecco a te gli extra bonus.

EXTRA BONUS n. 1: Fundraising

Fundraising, ovvero alternative moderne alla richiesta di finanziamento in banca. Per far partire la tua società da zero (Newco o New company e Start-up), oppure per ampliare l'esistente, con nuove strutture produttive o finanziarie e nuovo marketing, c'è bisogno di denaro fresco e qui di seguito vediamo tutte le alternative serie e strutturate dove reperirlo.

Nell'ultimo decennio, se è vero com'è vero che gli istituti di credito concedono con più difficoltà finanziamenti e fidi alle società di nuova costituzione con meno di tre bilanci chiusi alle spalle, è altresì vero che sono sorti una quantità di siti e luoghi dove poter incontrare finanziatori del calibro che serve a te.

Pertanto, prima di scontrarti con la realtà del nostro tessuto creditizio bancario nazionale, spendere energie preziose per vederti rifiutare quel finanziamento che ti permetterebbe di decollare, guardiamo assieme le alternative. Qui di seguito l'elenco delle strutture ad oggi esistenti, di mia conoscenza:

1. Nuove società di assistenza al fundraising. Per correttezza non

menzionerò una società in particolare, ma ti basti sapere che esistono sul panorama nazionale, numerose società che ti possono affiancare in questa fase. Ti consiglio di cercarla il più vicino possibile, perché dovrai scambiare molte informazioni e fare diverse riunioni dal vivo.

2. «Il Sole 24 Ore» ha creato una divisione ad hoc per il fundraising: Back to work 24. Puoi contattarli, fare insieme una prima analisi del tuo business e, se ci sono i numeri, accedere ai loro servizi. Ti mettono in contatto con professionisti e investitori che possono sostenere il tuo progetto. Puoi presentarlo con appuntamenti singoli dedicati, ma anche presenziare ad un club deal, dove in un sol appuntamento vieni visto da decine di investitori dal vivo e da migliaia di iscritti tramite video.

3. I Business Angels o Angel Investors dei BAN sono persone, generalmente imprenditori o manager, facoltosi, interessati a investire in nuove aziende con possibilità di sviluppo futuro. Normalmente entrano nell'equity societario.

Il business angel interviene preferibilmente in fase early stage e può investire da un minimo di 5-10 mila euro (per investimenti in cordata, ovvero quando si aggregano ed entrano in gruppo nella tua idea) fino anche a 100-200 mila euro. Gli investimenti dei business angel in genere non superano i 500 mila euro.

Il consiglio che posso darti è di rivolgerti al BAN della tua città e nel caso non esista, della tua provincia. Il BAN Business Angels Network è l'associazione con personalità giuridica, di più soggetti, come dicevo con esperienza imprenditoriale e disponibilità economica, intenzionati a investire in idee e società con possibilità di sviluppo.

Ogni rete locale si attiene rigidamente alle regole di comportamento indicate dalle associazioni italiana (IBAN) ed europea (EBAN) dei Business Angels.
BAN Business Angels Network
IBAN Italian Busines Angels Network Association
EBAN European Business Angels Network

Puoi facilmente contattarli ai seguenti indirizzi:
info@iban.it
segreteria@iban.it

4. IAG o Italian Angels for Growth. È un gruppo di business angels attivi in Italia dal 2008, uno dei più grandi network italiani, composto da 129 soci provenienti da posizioni di vertice del mondo imprenditoriale, finanziario e industriale. Insieme investono in startup fortemente innovative, per sostenere i talenti imprenditoriali che il mercato può offrire.

Tenuto conto del loro bagaglio di skill manageriali e tecnologiche, questi angel non si limitano ad apportare capitali in azienda, ma assumono anche un ruolo di "active investor", dando consigli, aprendo porte, aiutando la crescita del progetto con un'ottica strategica di medio-lungo termine.

IAG è membro di BAE (www.businessangelseurope.com), la Confederazione Europea dell'Angel Investing. Puoi facilmente contattarli al seguente indirizzo: info@italianangels.net.

5. Equity Crowdfunding. È un modello di raccolta dove le Startup e le PMI innovative e non, possono rivolgersi alle folle per ottenere i capitali necessari all'avvio della loro attività imprenditoriale. In tal caso il sostenitore-finanziatore acquisisce

titoli partecipativi al capitale d'impresa. In Italia esiste un'associazione che rappresenta le piattaforme di equity crowdfunding la AIEC.

Qui puoi trovare la piattaforma più consona alle tue esigenze, ti consiglio di contattarle e farci due chiacchiere, perché sono molto diverse tra loro e spesso hanno delle peculiarità che devi far emergere, quindi in funzione del tuo settore e del capitale che intendi ricercare sul mercato dovrai individuare la più adatta a te.

Nel caso invece fossi interessato al no profit, ti segnalo il sito Fundraising.it, nato nel 2005, dove puoi trovare informazioni e consigli pratici sempre aggiornati, su come fare raccolta per no profit e Assif.it l'associazione italiana Fundraiser.

Spero di essere riuscito ad aiutarti con queste informazioni, se pur sommarie, ma vedrai che con la tua perseveranza e capacità dialettica, incontrerai gli angeli giusti per far decollare la tua idea.

EXTRA BONUS n. 2: Rilassamenti

Come avrai notato, trovi ripetute in più punti del libro le parole "rilassamenti" e "meditazione" e questo perché, quando un concetto o un'abitudine, ritengo siano fondamentali al successo e contemporaneamente così distanti dalla nostra cultura, le riprendo sotto molti punti di vista.

Infatti una nozione nuova, letta una sola volta, in mezzo a questa marea di informazioni che hai raccolto nel percorso che ho creato per te, si perde e non ha quello che tecnicamente si chiama "effetto presa", ovvero rischia di scivolarti addosso. Se hai capito questo concetto, comprenderai e mi perdonerai, se mi sono permesso di aggiungere sull'argomento queste pagine di approfondimento negli extra bonus.

Iniziamo con alcune informazioni scientifiche, che aiutano la tua mente a superare le barriere di incredulità che si auto crea per autodifesa. All'inizio degli anni Novanta, nell'università del Wisconsin, il monaco Oser della scuola di Dharamsala India, del venerabile Dalai Lama, viene sottoposto a una serie di esperimenti e osservazioni con risonanza magnetica e elettroencefalografia a 256 sensori, al fine di determinare scientificamente se la meditazione ha effetti positivi sul nostro cervello, oltre che sul nostro stato di salute.

I neuroscienziati, guidati dal famoso Daniel Goleman (autore di *Intelligenza emotiva*) giunsero a risultati incredibili. Infatti dimostrarono che il cervello con la meditazione cambia e si modifica fisicamente. Si ispessiscono alcune zone della corteccia, si riequilibrano i sistemi simpatico e parasimpatico, i neuroni si riplasmano e aumentano tra loro le connessioni, la mielina si espande e la zona cerebrale cingolata anteriore (sede delle emozioni "buone") si attiva, diventando dominante.

Herbert Benson, dell'università di Harvard, è uno dei numerosi scienziati pronti a sostenere che la meditazione induce cambiamenti biochimici e fisici rilevanti, indicati nel loro insieme come "risposta di rilassamento", che include cambiamenti nel metabolismo, nella frequenza cardiaca, nella respirazione, nella pressione sanguigna e in generale in tutta la chimica del cervello. Aumenta l'attività del sistema parasimpatico a scapito del sistema simpatico, inducendo nella persona risposte di relax invece che di eccitazione.

Non che quest'ultima sia di per sé negativa, ma nel corpo essa coincide con un'alta produzione di ormoni quali il cortisolo e l'insulina che, in eccesso, provocano forte stress fisico e mentale. Viene da sé quindi pensare che una breve meditazione, anche saltuaria, possa aiutare il nostro organismo a riequilibrarsi e contrastare gli stati di stress tipici della nostra vita quotidiana.

Credi che possano bastare le informazioni che ho fin qui prodotto? Se sì, puoi risparmiarti la lettura delle altre pagine. Se invece, come penso, la tua mente sta lottando per contrastare una novità, per giunta scomoda, allora forse faresti meglio a proseguire!

Una delle osservazioni che la tua mente può addurre per contrastare questa novità è la mancanza di tempo. Infatti erroneamente si crede che la lunghezza delle meditazioni, perché siano efficaci, debba per forza raggiungere l'ordine dell'ora e in molti casi si parla di due ore. Sarebbe impossibile per te meditare un'ora o addirittura due nell'arco della giornata, per motivi pratici, che qui elenco:

1. È quasi impossibile ricavare due ore al giorno.
2. Dove trovo la forza di volontà di farlo e ripeterlo tutti i giorni.
3. Ci vuole allenamento per stare fermo due ore.
4. Nell'arco delle due ore, anche se ci provassi, mi distrarrei 100 volte.

Ma in pochi sanno che esiste un metodo di rilassamento, chiamato blitz ipnotico, che ti aiuta a rilassarti e abbassare le onde cerebrali in pochissimi minuti e che abbiamo condensato nel sistema Relax 5.1®. È estremamente efficace e con la pratica, in pochi giorni, puoi arrivare a un livello di rilassamento e rigenerazione ottimi, con soli 5 minuti una volta al giorno.

A questo punto le cose cambiano, non trovi? È più facile trovare 5 minuti al giorno, lo potresti fare al mattino appena sveglio, oppure alla sera prima di dormire per conciliare un sonno ristoratore. La forza di volontà per ripeterlo, una volta al giorno, è minore e forse la potresti trovare. Non necessiti di un gran allenamento per stare fermo 5 minuti e probabilmente riusciresti anche a sgombrare la mente in un lasso di tempo così ristretto. Ti basta mettere su una traccia audio di un rilassamento guidato breve, chiudere gli occhi ascoltarla e respirare.

Se cerchi un buon audio, posso proporti il sistema di nostra proprietà Relax 5.1$^®$ che ti permette di raggiungere grandi risultati in minor tempo. Col nostro sistema è infatti sufficiente un micro rilassamento di 5 minuti una volta al giorno, per permetterti di raggiungere livelli ottimi di produttività.

Sul sito trovi tre tracce, con obiettivi diversi: Trova le tue risorse, Acquisisci sicurezza, Ritrova la tua serenità. Tutte e tre nella doppia versione, con il conteggio finale, per il risveglio da usare la mattina, oppure senza alcun conteggio, da usare prima di dormire per conciliare il pre sonno e le onde Theta. Puoi acquisire le tre tracce complete sul sito:
http://www.metodoimprenditorelibero.com/.

Ma torniamo ai benefici della meditazione o rilassamento guidato.

Per comodità li dividiamo in due gruppi:

* I benefici spirituali

* I benefici medico scientifici.

Quelli spirituali sono un po' più intuibili e conosciuti, ma credo comunque valga la pena elencarli:

* Aiuta le facoltà mentali (in diversi punti del libro ne faccio io stesso riferimento).

* Ti senti più sereno.

* Ti senti più lucido.

* Ti senti più focalizzato.

* Stabilizza l'umore.

* Sviluppa la consapevolezza.

* Aiuta la concentrazione (anche di questo ho scritto nei segreti e nel racconto).

Quelli medico scientifici sono una quantità impossibile da elencare, proverò quindi a riportartene alcuni che ritengo importanti:

* Aiuta a stabilizzare i disturbi del sonno.

- Migliora i disturbi dell'apparato digerente.

- Migliore la produzione di endorfine, un importante neurotrasmettitore.

- Aiuta nella cura degli stati d'ansia.

- Riduce l'incidenza di malattie cardio/vascolari secondo l'articolo pubblicato da «Repubblica» il 26 gennaio 2006.

- Migliora la produzione di serotonina, altro neurotrasmettitore importante che produce appagamento e stabilizza l'umore.

- Migliora la produzione endogena di melatonina, sostanza ormonale che stabilizza il sonno.

- Incrementa la produzione di Hgh, che protegge dall'invecchiamento cellulare.

- Migliora la produzione di Dhea, direttamente collegata alle nostre difese immunitarie.

Considera che, durante il giorno, la tua mente, viene presa di mira da una miriade di informazioni che la inquinano: pubblicità, marketing diretto su di te, colleghi di lavoro, capi, compagni, mariti e mogli, Facebook e social in generale, quotidiani e TV. Dopo aver subito un attacco di tali dimensioni sarà sporca o quantomeno non più cangiante. Ebbene la meditazione è quel processo attraverso il quale la tua mente può tornare bianca.

Quindi per concludere, possiamo dire che dalla pratica derivano svariati effetti benefici su corpo e mente e questo è scientificamente provato; quello che io personalmente vi ho trovato, come principale beneficio, è una maggior consapevolezza di me stesso e una più chiara visione sui miei obiettivi. Un po' come dire che meditare ha portato ordine tra i miei pensieri, permettendomi di focalizzarmi al massimo sugli obiettivi.

Con questo è tutto, nella speranza di averti fornito sufficienti informazioni, per permetterti di prendere la tua personale decisione, ti saluto e ti auguro un buon rilassamento!

EXTRA BONUS n. 3: Onde celebrali

In questo extra bonus mi permetto di approfondire un argomento per me di altissima rilevanza, le nostre onde cerebrali. Mi impegno a scrivere queste pagine, compiendo un ulteriore sforzo di perfezionamento del percorso che ho ideato per te, proprio perché ritengo che meglio comprendi il funzionamento della tua mente, meglio sei in grado di guidarla verso l'eccellenza e l'attività elettrica del nostro cervello è un tassello importante in questa esperienza.

Perché dovrebbe essere importante ti stai chiedendo? Beh, in primis perché, capire in quale stato sei in ogni momento e comprendere come modificarlo per migliorarne la performance, è sicuramente un vantaggio che pochi possiedono. Ed è esattamente l'obiettivo che mi prefiggo con questo extra. Ma come sempre lasciami sciorinare qualche dato scientifico.

Fu il dottor Hans Berger che per primo, nel 1929, ne descrisse i quattro tipi di ritmi o onde elettroencefalografiche, caratterizzate da diverse frequenze (o cicli al secondo):

- Onde Beta tra i 14 e i 30 Herz
- Onde Alpha tra gli 8 e 13,9 Herz

- Onde Theta tra i 4 e gli 8 Herz
- Onde Delta tra lo 0,5 e i 3 Herz

Ma vediamo le caratteristiche di ogni frequenza e come queste incidano nella nostra vita quotidiana.

Onde Beta, con frequenza superiore ai 14 hertz, sono le onde dello stress acuto. La loro presenza è direttamente proporzionale allo stato di stress (dominano il sistema nervoso ortosimpatico). Sono caratterizzate da tensione mentale e muscolare, quasi tutta rivolta all'esterno o al rimurginio intenso (dialogo interno).

Questo ritmo si associa al massimo dispendio di energie nervose e fisiche e quindi, a lungo andare, al massimo logoramento da eccesso di superlavoro.

Immagino che, leggendo questa descrizione, ti sia rivisto in molti momenti della tua vita e in diversi casi in passaggi cronici delle tue giornate. Ma andando avanti nella lettura, degli altri ritmi, troverai come mediare a queste situazioni e capirai meglio perché ho aggiunto i due approfondimenti sui rilassamenti e le onde.

Onde Alpha, con frequenza compresa tra 8 e 13,9 hertz, sono le onde del distacco dalla realtà esterna. Coincide col rilassamento e il calo dell'attività cerebrale. Nelle persone sane, non sotto stress, questo stato si genera automaticamente chiudendo semplicemente gli occhi. Questo stato fornisce il lasciapassare verso l'autocontrollo interiore e il pensiero creativo.

Se associato a pratiche di visualizzazioni, tale stato riesce ad avere una buona influenza a livello somatico. Come spiegato meglio nell'approfondimento sui rilassamenti, con l'aumentare della pratica, le onde Alpha saranno più frequenti e quindi si acquisirà maggiore autocontrollo. Il che influirà direttamente sulla capacità di regolare e addirittura azzerare il proprio stato di stress.

Onde Theta, con frequenza compresa tra 4 e 8 hertz, coincidono con lo stato di dormiveglia. Sono predominanti al 90% in un tracciato Eeg durante la fase dell'addormentamento, detta anche fase di pre sonno o stato ipnagogico. Per capirci quella fase in cui stai riposando sotto le coperte e sei mezzo addormentato, stai bene e sai che stai per dormire, ma se ti chiamassero apriresti gli occhi in un istante, perché non sei ancora in quella fase profonda, dalla quale è difficile risalire.

In questa fase la coscienza è come sdoppiata in coscienza vigile e sogno. Coesistendo la coscienza della veglia può osservare quella del sogno, reagire a essa come in una situazione reale, ricordarla e ricordare il pensiero primario o associativo tipico del sogno. Il pensiero associativo sembra essere quello dei lampi di genio risolutivi e delle illuminazioni creative. È anche il ritmo della rigenerazione psicofisica. Ora stai comprendendo meglio perché insista così tanto sui rilassamenti, anche brevi, che con la ripetizione ti aiutino ad entrate nello stato Theta.

Onde Delta, con frequenza inferiore ai 3 hertz, coincidono col sonno profondo senza sogni e col rilassamento muscolare intenso. In questa fase si ha la massima produzione dell'ormone della crescita Gh (che durante tutta la vita è indispensabile per il rinnovamento cellulare oltre che, nella prima fase, per la crescita) e la massima attività del sistema immunitario.

È il momento topico per tutti i nostri processi rigenerativi e per la produzione di endofarmaci: i potenti farmaci prodotti dal nostro organismo ad azione altamente specifica. Le onde Delta sono sotto dominio del sistema nervoso parasimpatico e prevalgono nel sonno dei buoni dormitori. Per contro, quando la persona dorme male, entra con difficoltà nella fase Delta, si rigenera poco e tende quindi a essere stanca, ad ammalarsi facilmente e ad avere disturbi psicosomatici.

Per questo motivo insisto nell'aiutarti ad implementare la pratica del rilassamento guidato, anche di 5 minuti al giorno, perché ti aiuta a contrastare lo stress e quindi a dormire meglio e con un sonno più regolare ti ristori meglio, produci più endofarmaci e rigeneri la muscolatura profonda. Trovi tre tracce di rilassamento guidato rapido, in vendita sul sito http://www.metodoimprenditorelibero.com/.

Ora che inizi ad avere un'infarinatura di base sulle tue frequenze e capisci come queste incidano sulla tua vita e sul tuo benessere, possiamo approfondire un concetto, che ho espresso in altre parti del libro, ma che forse solo ora sarai in grado di apprezzare a fondo.

Al contrario del comune pensare, non ti devi concentrare su un problema al lavoro per risolverlo e tanto meno per trovare idee innovative, perché lavorando attivamente, le tue onde cerebrali, saranno ad alta frequenza e non sarai nella giusta predisposizione per creare. Sì, hai capito bene, spesso la concentrazione mirata alla ricerca di una soluzione, la ottieni rilassandoti, il contrario di ciò che ci insegnano.

Qui sopra ti spiegavo che le onde Theta, tipiche dei momenti di rilassamento profondo o stato ipnagogico, ti possono aiutare a sviluppare il pensiero associativo tipico appunto, dei lampi di genio risolutivi e delle illuminazioni creative.

A supporto di quanto scrivo, c'è uno studio del cervello degli scacchisti e dei campioni di memoria, effettuato tramite tecniche quali la Pet o tomografia a emissione di positroni, che indica che in molti casi si può raggiungere una notevole concentrazione mentale riducendo, anziché aumentando, il ritmo del cervello.

Quando il cervello è rapido, la corteccia cerebrale è pronta a rispondere a una moltitudine di stimoli e a portare avanti diverse attività mentali. Al contrario, una riduzione del ritmo può favorire un'attività mentale selettiva e intensa. Quindi rilassati, meglio se con un audio guidato, per farti venire le giuste idee!

A quanto fino qui appreso, dovresti aggiungere che i ritmi frenetici della società moderna, che ormai viaggia alla velocità dei nostri smartphone, inducono il nostro cervello a restare iperattivo, per periodi di tempo prolungati. In questo modo farai sempre più fatica a rallentare i tuoi cicli e a rilassarti. E riducendo la capacità di rilassarti, di avere un sonno profondo e quindi di rigenerarti correttamente, nel medio periodo, rischi di instaurare la temibile escalation: stress negativo, insonnia e disturbi della concentrazione.

Considera infine che l'elevata attività cerebrale alla quale sei sottoposto tutti i giorni corrisponde, come abbiamo visto, a un'eccessiva attenzione verso l'esterno cioè a una supremazia dei sensi esterocettivi, vista e udito, a scapito dell'ascolto dei bisogni del tuo corpo.

In un cero senso, è come se la tua attenzione fosse proiettata troppo spesso fuori dal tuo corpo, riducendo così la sensibilità propriocettiva. In questo modo generi una dispercezione corporea, ovvero una diminuita consapevolezza del tuo "io", in grado di agevolare pericolosamente i processi degenerativi.

Apprendere e praticare attività rilassanti e propriocettive, quali ad esempio lo yoga, lo stretching e ovviamente i rilassamenti dinamici, dovrebbe essere la tua mission per contrastare l'intenso "logorio della vita moderna".

Concludo dicendoti che anche in questo caso rilassarti, anche solo 4 o 5 minuti al giorno, può aiutarti a contrastare l'insorgere dello stress e ti aiuta a concentrarti sulla persona più importante per te... il tuo Io.

Per il senso di gratitudine nei tuoi confronti, che ti sei preso il tempo di acquistare e leggere questo mio "lavoro", e in onore alla completezza d'informazione che tengo a fornirti, voglio aggiungere qualcosa sulle onde Gamma. Da non confondersi con i raggi gamma, che hanno in comune oltre al nome, solo l'alta velocità di frequenza.

Le onde Gamma infatti caratterizzano l'attività cerebrale con un range di frequenza tra i 25 e i 100 hertz. Se ti stai chiedendo come mai il dottor Hans Berger, nel 1929, ne descrisse solo quattro tipi, tralasciando proprio questa importante frequenza, beh devi sapere che erano sconosciute prima della comparsa degli strumenti digitali, poiché quelli analogici non erano in grado di misurare le onde ad alta frequenza superiori ai 25 hertz.

Sono quindi recenti gli studi sui potenziali incredibili di queste onde e gli neuroscienziati stanno iniziando oggi a scoprire le meravigliose proprietà del nostro cervello, quando produce questa frequenza. Ti basti pensare che corrisponde al picco massimo di concentrazione e a livelli estremamente elevati di funzionalità cognitiva.

Gli scienziati ritengono che le onde Gamma possano collegare le informazioni provenienti da ogni area del cervello. L'onda prende origine dal nostro talamo, per poi spostarsi dalla parte posteriore, alla parte anteriore del nostro cervello e viceversa, quaranta volte al secondo. L'intero cervello viene influenzato dall'onda Gamma, che viene correlata al picco della performance fisica e mentale.

Sono numerosi i vantaggi che registrano le persone con alti livelli di queste onde e qui di seguito proverò ad elencarne alcuni:

- Sono eccezionalmente intelligenti
- Hanno un'ottima memoria
- Hanno un Qi elevato
- Hanno un forte autocontrollo
- Richiamano alla memoria ricordi vividi in modo rapido
- Hanno sensi intensificati
- Il cervello diviene più sensibile agli input sensoriali
- Hanno un'attenzione aumentata
- Hanno un'elevatissima velocità di elaborazione

Nel complesso il cervello nello stato gamma viaggia a una velocità superiore, è in grado di elaborare una quantità incredibile di informazioni molto velocemente, di ricordarle e recuperarle successivamente.

La bella notizia per te è che, con i rilassamenti dinamici, puoi stimolare l'insorgenza di onde Gamma, dalle quali scaturiscono le idee innovative. Infatti si è registrato spesso un picco di onde gamma, proprio dopo la presenza di onde theta, tipiche del rilassamento profondo.

Insomma sembra proprio che per sviluppare pensieri innovativi, trovare soluzioni e idee geniali, dovrai prima rilassarti un poco.

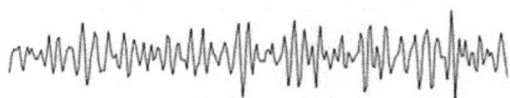

Onde **Gamma**
30 - 90 Hertz
Stati di grande energia e poteri psichici.

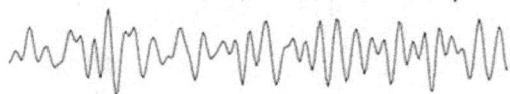

Onde **Beta**
14 - 30 Hertz
Soggetto cosciente.

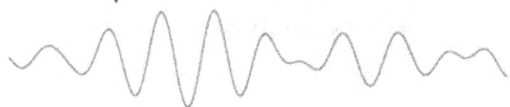

Onde **Alpha**
8 - 13,9 Hertz
Veglia ad occhi chiusi, stati iniziali di meditazione.

Onde **Theta**
4 - 8 Hertz
Sonno leggero

Onde **Delta**
0,5 - 3 Hertz
Sonno profondo senza sogni

Esercizi

Ora è il tuo turno di metterti in gioco e iniziare a creare. Partiamo dal tuo Punto nave. Ma cos'è, cosa rappresenta? È la tua posizione geografica che ricopri all'interno del tuo mondo personale e imprenditoriale. Perché iniziamo da questi elementi? Perché questo è il punto di partenza per comprendere dove devi lavorare su te stesso.

Nell'esercizio 1 e 2 trovi una serie di caratteristiche divise in due sfere, quella personale e quella economica, per ognuna delle quali devi darti un voto seguendo la legenda. Al termine avrai una serie di puntini, unendoli otterrai due ruote, che formano la metafora delle ruote della tua bicicletta della vita.

Ora come potrai facilmente immaginare l'ideale sarebbe avere due ruote perfettamente tonde, al fine di procedere lungo i tuoi successi con incedere leggiadro; ma questo non accade mai, perché siamo esseri umani e come tali abbiamo le nostre peculiari caratteristiche, pertanto scoprirai che le ruote avranno spigoli che sarà tua premura cercare di arrotondare quanto prima.

Questo lavoro su te stesso ti indica in modo preciso le aree nelle quali migliorarti più che in altre, fornendoti così elementi per la tua focalizzazione nel prossimo periodo. Ricorda che l'obiettivo è di crescere in modo armonico e di scorrere lungo i successi che ti aspettano nel tuo cammino imprenditoriale e non.

Esercizio 1 e 2

Crea la tua personale bicicletta della vita

Obiettivo

Questo esercizio ha l'obiettivo di aiutarti a definire in poche parole la mappa della tua vita personale e imprenditoriale. È un buon esercizio da fare oggi per partire e da ripetere ogni qualvolta desideri un punto chiaro di partenza per poterti nuovamente evolvere. Ti aiuta in modo chiaro a identificare nei mesi successivi, quando lo ripeterai, l'effettivo miglioramento o avanzamento.

Istruzioni

Per ognuno dei quattro settori che compongono i due ambiti, personale e imprenditoriale, rispondi alle tre domande A, B e C. Per aiutarti hai una legenda del significato che vorremmo dare a ogni singolo settore. Nel caso in cui desideri allargare il significato da attribuire procedi pure con la tua personale descrizione. Al termine delle tre domande, trovi uno spazio per dare un voto, da 0 a 10, alla risposta della domanda C.

Terminate le domande trovi la ruota relativa, come già detto indica sulla scala graduata dei quattro settori, il voto che ti sei assegnato, poi unisci i punti e ottieni per ogni ruota il tuo personale disegno che mappa la tua situazione attuale.

Puoi colorare, per rendere più suggestiva la tua ruota.

Dopo sei mesi di lavoro prova a rispondere alle stesse domande e a disegnare la nuova ruota, ti sarà evidente l'evoluzione ottenuta nel tempo intercorso.

Esercizio 1

Rispondi alle domande e crea la tua ruota della sfera personale.

Ruota della sfera personale

Libertà: hai tempo per te, per la famiglia attuale, per la tua famiglia d'origine, per gli amici, per i tuoi hobby, per le cose che ti fanno battere il cuore?

A) cosa significa per te?

Definisci:_____

_____

_____

_____

B) quali risultati ottieni?

Definisci:_____

_____

_____

_____

C) quanto ti realizza?

Definisci:_____

_____

_____

_____

Dai un voto da 1 a 10 alla domanda C_____

Salute fisica: ti stai occupando di gestire il tuo corpo? Fai esercizio fisico? Curi l'alimentazione?

A) cosa significa per te?

Definisci:_____

_____

_____

_____

B) quali risultati ottieni?

Definisci:_____

_____

_____

_____

C) quanto ti realizza?

Definisci:_____

_____

_____

_____

Dai un voto da 1 a 10 alla domanda C_____

Equilibrio interiore: ti stai occupando del tuo benessere più profondo? Hai cura del tuo equilibrio?

A) cosa significa per te?

Definisci:_____

_____

_____

_____

B) quali risultati ottieni?

Definisci:_____

_____

_____

_____

C) quanto ti realizza?

Definisci:_____

_____

_____

_____

Dai un voto da 1 a 10 alla domanda C_____

Formazione: quanto ti stai dedicando alla tua crescita personale, quanto impegno metti nella tua formazione, che settori stai approfondendo?

A) cosa significa per te?

Definisci:_____

_____

_____

_____

B) quali risultati ottieni?

Definisci:_____

_____

_____

C) quanto ti realizza?

Definisci:_____

_____

_____

Dai un voto da 1 a 10 alla domanda C_____

Esercizio 1

Crea la tua ruota della sfera personale

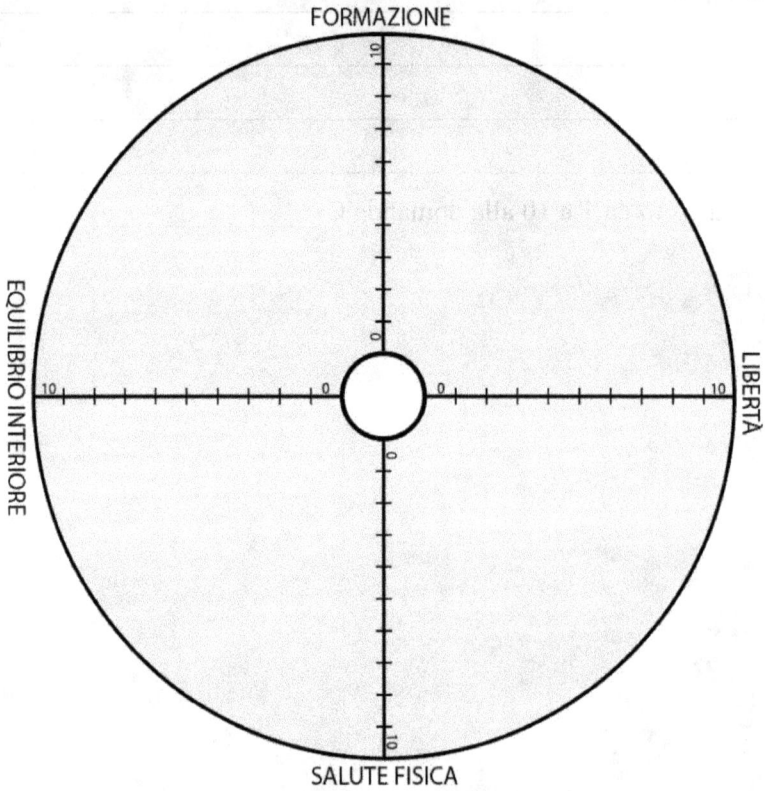

Esercizio 2

Rispondi alle domande e crea la tua ruota della sfera imprenditoriale.

Ruota della sfera imprenditoriale

Finanza: la tua impresa, il tuo lavoro, attraverso le tue capacità e azioni, stanno producendo cash-flow e patrimonio?

A) cosa significa per te?

Definisci:_____

_____

_____

_____

B) quali risultati ottieni?

Definisci:_____

_____

_____

_____

C) quanto ti realizza?

Definisci:_____

_____

_____

_____

Dai un voto da 1 a 10 alla domanda C_____

Strategia: la tua azienda è guidata da te o dagli eventi, hai una strategia chiara e definita da seguire?

A) cosa significa per te?

Definisci:_____

_____

_____

_____

B) quali risultati ottieni?

Definisci:_____

_____

_____

_____

C) quanto ti realizza?

Definisci:_____

_____

_____

_____

Dai un voto da 1 a 10 alla domanda C_____

Collaboratori: da chi ti attorni, come li gestisci, come li motivi, come gli parli, sono felici di lavorare con te?

A) cosa significa per te?

Definisci:_____

_____

_____

_____

B) quali risultati ottieni?

Definisci:_____

_____

_____

_____

C) quanto ti realizza?

Definisci:_____

_____

_____

_____

Dai un voto da 1 a 10 alla domanda C_____

Innovazione: riesci a produrre, tu o i tuoi collaboratori, idee che proiettino la tua azienda verso il futuro e nuove esigenze?

A) cosa significa per te?

Definisci:_____

_____

_____

_____

B) quali risultati ottieni?

Definisci:_____

_____

_____

_____

C) quanto ti realizza?

Definisci:_____

_____

_____

_____

Dai un voto da 1 a 10 alla domanda C_____

Esercizio 2

Crea la tua ruota della sfera imprenditoriale

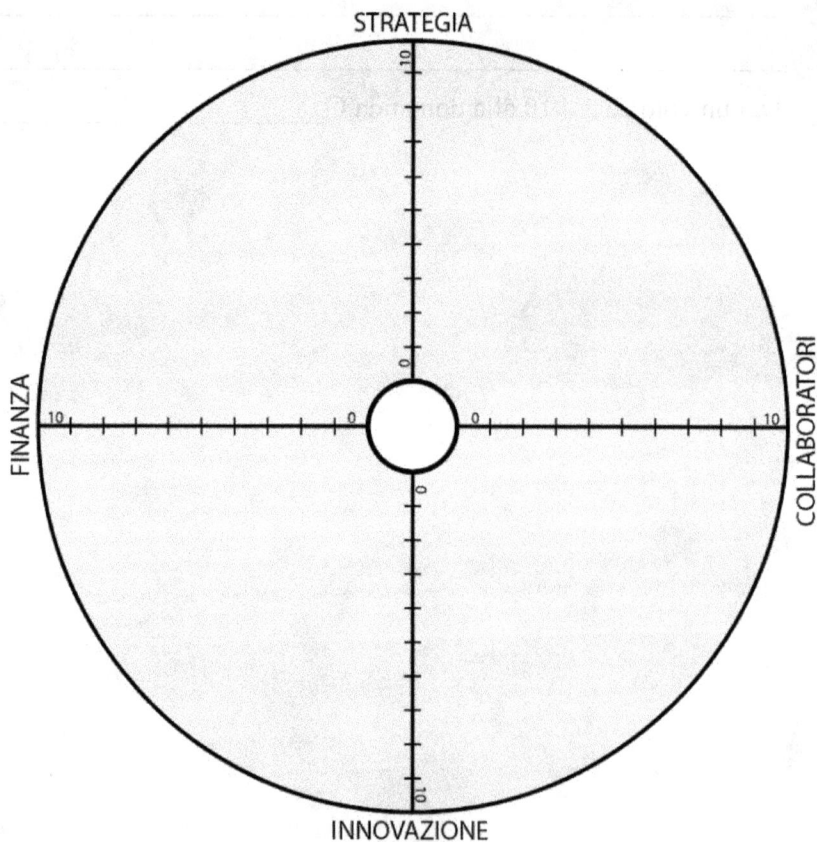

Esercizio 3

Identifica la tua passione che può divenire business

Qui identifichiamo le tue passioni. Perché iniziamo da qui? Perché come scritto nel libro la passione, quella vera, sarà la tua arma vincente, l'energia in più che ti darà lo spunto per vincere, per superare le sfide e arrivare al traguardo. Perché se fai della tua passione il tuo lavoro, beh allora non lavorerai mai!

L'esercizio 2 è indicato per chi deve iniziare una nuova attività, oppure desidera provare ad ampliare l'esistente con la propria passione. In quest'ultimo caso puoi eseguirlo e prendere spunto dal risultato per comprendere quale debba essere la direzione da dare alla crescita della tua azienda. A volte, infatti, le passioni che emergono possono essere implementate nella tua attuale attività fornendo nuova linfa.

In questo esercizio ti invito a scrivere di seguito le tue passioni. Scrivile di getto una dietro l'altra nelle righe che seguono, non importa in questa fase che siano ragionate, tu buttale giù e falle emergere.

_____

_____

_____

_____

_____

Bene ora prenditi del tempo per rispondere a queste domande:

1a. Quale fra queste passioni, nel caso ne avessi più di una, mi fa veramente battere il cuore. Scrivine massimo tre.

_____

_____

_____

2a. Quali fra queste passioni mi fornisce più energia. Scrivine massimo due.

_____

_____

3a. Quali fra queste passioni è scalabile in un business. Inizia ad identificarne una principale e una secondaria.

_____

_____

4a. Quale fra queste passioni ha una sua nicchia di mercato. Controlla che ci sia una nicchia ma non troppo ristretta. Esempio amanti della carne cotta sul barbecue è una nicchia corretta. Amanti delle alette di pollo cotte sul barbecue ma croccanti fuori. È una sotto nicchia non sufficiente per strutturare il tuo business, soprattutto se ti concentri sul mercato interno al tuo stato e non gli dai un respiro internazionale.

Qui scrivi sempre la più importante e aggiungi una seconda possibilità come alternativa alla prima.

_____

_____

Bene ora dovresti aver identificato una passione che abbia come caratteristica quella di farti accendere, fornirti energia, avere una nicchia di mercato ed essere scalabile.

Ti invito a scrivere al centro della mappa la passione che vorresti divenisse il tuo nuovo business. Oppure la passione che vorresti provare a implementare nella tua attuale attività. Parti dal centro, scrivila e implementa nella prima cerchia tutto ciò che ti viene in mente, legato alla passione, seguendo la legenda che abbiamo preparato per te.

Fatto questo, ti accorgerai che ti vengono in mente altri elementi che scaturiscono dai primi e questa volta vanno indicati nella seconda cerchia. Anche qui hai la legenda che può guidarti.
Così facendo ti creerai la tua personale mappa dell'attività con tutte le idee collegate da ampliare. Non preoccuparti se rileggendola ti vengono in mente altre e nuove idee, è così che funziona il sistema radiante, tu scrivile e aggiungi tutte le finestre che desideri. Facendola più volte prenderai slancio e la mappa con te.

Per esperienza ti dico che, con questo esercizio, tutto risulterà più chiaro, più a fuoco. La mappa ti permette di avere di fronte la direzione che realmente desideri seguire e gli step da perseguire per realizzarla. Buon lavoro.

Ma prima vorrei dirti che, come già accennato, le mappe che trovi qui di seguito stampate nel libro, sono precompilate con la legenda utile a guidarti nella creazione delle tue personali mappe.

Vai sul sito www.metodoimprenditorelibero.com per scaricare le mappe vergini da compilare, oppure ridisegnale tu stesso, utilizzando fogli bianchi A4 o ancora meglio A3 e matite colorate. Puoi ricrearle seguendo gli esempi.

Esercizio 3 Mappa 1

È la mappa generale della tua passione che diviene attività. Sono sei aree di lavoro e devi completarle tutte.

Esercizio 3 Mappa 2

Dettaglia la tua strategia di marketing tra l'online e l'offline.

Esercizio 3 Mappa 3

Dettaglia le tue caratteristiche differenzianti e il valore che apporti alla tua nicchia.

Termina l'esercizio delle ruote per ottenere le due sfere quella personale e quella imprenditoriale, che ti forniscono la direzione verso la quale dirigere i tuoi sforzi di crescita futura al fine di ottenere due ruote tonde ed equilibrate. Ricorda che l'obiettivo è di crescere in modo armonico e di scorrere lungo i successi, che ti aspettano nel tuo cammino imprenditoriale e privato, con la tua personale bicicletta della vita.

Termina l'esercizio della passione e con le tre mappe complete hai un quadro chiaro della tua passione e del motore che ti guida. Hai la struttura per ampliare la tua passione nel tuo business e questa sarà la tua arma vincente, l'energia in più che ti darà lo spunto per vincere, per superare le sfide e arrivare al traguardo. Perché se fai della tua passione il tuo lavoro, allora non ci sarà nulla di più bello che portare avanti il tuo business!

Buon viaggio,
Emanuele Rissone

www.ingramcontent.com/pod-product-compliance
Lightning Source LLC
Chambersburg PA
CBHW061148220326
41599CB00025B/4394